理性之路

律师的理性思维是怎样炼成的

杨金钟 / 著

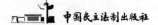

中国民主法制出版社

图书在版编目（CIP）数据

理性之路：律师的理性思维是怎样炼成的/杨金钟
著．—北京：中国民主法制出版社，2024.10
ISBN 978-7-5162-3780-9

Ⅰ．D916.5

中国国家版本馆 CIP 数据核字第 2024LZ1555 号

图书出品人：刘海涛

责 任 编 辑：逯卫光　王一涵

书名/理性之路——律师的理性思维是怎样炼成的
作者/杨金钟　著

出版·发行/中国民主法制出版社
地址/北京市丰台区右安门外玉林里 7 号（100069）
电话/（010）63055259（总编室）　63058068　63057714（营销中心）
传真/（010）63055259
http：// www.npcpub.com
E-mail：mzfz@npcpub.com
经销/新华书店
开本/16 开　710 毫米 × 1000 毫米
印张/14.25　**字数/**207 千字
版本/2025 年 1 月第 1 版　2025 年 1 月第 1 次印刷
印刷/三河市宏图印务有限公司

书号/ISBN 978-7-5162-3780-9
定价/58.00 元

自 序

杨金钟

中国已有 70 余万名执业律师，数量上足够庞大。但按发达国家标准衡量，能称得上合格或优秀者凤毛麟角。一个最核心的指标是绝大多数律师不具备理性思维能力。

"真、善、美"是人类不懈追求的终极目标。而几千年来中国文化对"善"与"美"情有独钟，"真"却备受冷落。于是乎，英国学者李约瑟于 1905 年提出了著名的"李约瑟之问"，我国著名物理学家钱学森于 2005 年提出了著名的"钱学森之问"。两个问题的外延有区别，内涵核心却是一致的，而提出的时间整整相跨了一百年……

李约瑟之问的核心是："尽管中国古代对人类的技术发展作出过很多重要贡献，但是为什么科学和工业革命没有在近代的中国发生？"

钱学森之问的核心是："为什么我们的学校总是培养不出杰出的科技创新人才？"

关于李约瑟之问，爱因斯坦、罗素、杨振宁都从不同角度进行过非常精辟的阐释和解答；而钱学森之问，至今没有人真正作出过实质性的阐释和回答。非不能也！实不可也！

现代科学之所以诞生于欧洲，根本原因有两条：一是欧洲自古希腊时期就诞生的形式逻辑学及逻辑思维能力，换言之就是理性思维能力；二是从泰勒斯、欧几里得、伽利略、牛顿到爱因斯坦，为了求"真"而刨根问底的实验、论证能力。从毕达哥拉斯的"万物皆数"，到现代"基因工程"，一切都追根溯源，一切都以实验结果进行验证，一切都以实验数据和数理论证支撑……

现代科学的根源在欧洲，现代律师的祖庭也在欧洲。现代律师与中国古代讼师实际上是完全不同的两个"种族"，就像中国古代以商鞅为代表的法家学派与现代西方社会的法治理念不可同日而语一样。因此，中国律师从文化基因上就存在着缺陷。

  我做了三十多年执业律师,办理过的案件数以千计。案件结果虽不敢说"常胜将军",技术上却敢说"每个案件都有所突破,不论理论还是技术都无遗憾"。案件不论大小,我所提出的辩护、代理观点,我所撰写的法律文书都达到了常人难以企及的高度。与绝大多数同行相比,完全可以"一览众山小!"

  三十多年执业生涯,感悟最深的莫过于我在大学中文系学习时,形式逻辑课程考试全系第一。正是大学期间打下的深厚逻辑学功底,三十多年来一直伴随我不论在唇枪舌剑的法庭上,还是在险象环生的谈判桌上,乃至面对芸芸众生的讲学课堂,总能驾轻就熟、游刃有余,滔滔不绝!

  律师是一个绝对需要理性的行业,更是一个需要高认知层次的行业。培养理性思维,首先是抛弃感性的惰性,其次是必须精于形式逻辑学。可惜的是,自进入 21 世纪,大学的逻辑学教育一直处于退步和被边缘化状态。自我们之后的新生代律师,在学校没有接受过硬的逻辑学教育,自己又无意识主动学习研究,逻辑学几乎是空白,理性思维能力自然可想而知。

  培养高层次的认知能力,不但需要广博的知识储备,更需要严谨的理性思维能力。新生代律师普遍学历较高,但能力并不能与学历相匹配。过度追求专业化又丧失了走向高认知层次的基础。中国律师与发达国家的律师相比肩,任重道远!

  三十多年执业生涯,除了辩护词、代理词、商务合同、法律意见书这些业务文书外,也断断续续写了一些文章。既是个人业务的历程,也是个人心路的总结。作为前辈,有必要留给后辈律师一点经验,不求成一家之言,但愿能有所启迪;作为律师,有义务为法治社会建设作一点贡献。

  遂将这些年撰写的一些自认为有见地的文章结集出版,按照类型分为"上篇:术业专攻"和"下篇:制胜之道"两个部分,是为序。

  理性,走向文明的必由之路!

  理性思维,真正优秀律师的必须素质!

2024 年 4 月 10 日于宁夏吴忠

目　录

下篇：制胜之道

上篇：术业专攻

律师，应当学一点党史

唐太宗在《贞观政要》中说："以铜为镜，可以正衣冠；以古为镜，可以知兴替；以人为镜，可以明得失。"

中国共产党作为执政七十余年的政党，其兴起、发展、发达、前进的历程，其经历过的风风雨雨、坎坎坷坷、成败得失，自然是一部宏大的历史长卷。作为将继续带领一个十四亿人口的大国前行的执政党，更应该客观、准确、理性地对自己的功过得失全面总结、理性反思。

中国律师现在已发展到 67 万人之巨。中国自 1979 年恢复律师制度至今，同样也走过了一条波澜壮阔、风雨坎坷的艰难之路。中国律师的兴衰之路已经和中国社会主义建设之路休戚与共、命运相连。

"统一战线、武装斗争、党的建设"是党的三大法宝。加强律师党建工作是近几年律师行业的一项主要工作。加强党建，不能就党建论党建，而是要切切实实地了解党的百年奋斗史，了解党的前世和今生。因此，学习党史应该成为党建的一项主要内容。

习近平总书记指出："**要坚持用唯物史观来认识历史，坚持实事求是的思想路线，分清主流和支流，坚持真理，修正错误，发扬经验，吸取教训。这些都是我们党对党的历史的一贯立场和态度，体现了我们党对学习运用党的历史重要性和必要性的深刻认识。**"

一、学习党史，有助于提高广大律师的使命感

实现中华民族的伟大复兴，建设社会主义法治国家，中国律师负有庄严而神圣的使命。从 1954 年制定新中国第一部《宪法》到党的十一届三中全会后国家全面制定一系列涉及国计民生的实体法、程序法，再到 2001 年中国加入 WTO 后，随着改革开放的不断深入而对相关法律的修订，我国社会主义法律体系已经相当完备。不论是全国人大制定各种法律，国务院及相关部门、

地方人大及政府制定大量行政法规，最高人民法院、最高人民检察院制定各类司法解释，都留下了中国律师的足迹，也都凝聚了广大律师的汗水。在经济建设和司法实践中，中国律师更是推动国家法治建设和经济建设的主力军。在所有的经济活动中，大量的经济合同谈判、签订，都是广大律师推动的结果；所有民事、商事案件都是由广大律师主导推进……

我国的法治建设是在党领导下进行的，法治社会的建设历程本身就是党史的重要组成部分。因此，广大律师通过对党史的学习研究，对国家取得的巨大经济成果的研究，更加能够增强广大律师的使命感，反过来也增强了广大律师的荣誉感。

二、学习党史，有助于提高律师的归属感

现代律师业来源于西方，中国封建社会中的"讼师"不是现代律师。因此，中国律师在建设社会主义法治国家的过程中更需要增强归属感。

1980年制定的《律师暂行条例》曾经将律师定性为"国家的法律工作者"。现行《律师法》第2条规定："本法所称律师，是指依法取得律师执业证书，接受委托或者指定，为当事人提供法律服务的执业人员。律师应当维护当事人合法权益，维护法律正确实施，维护社会公平和正义。"

由于现行《律师法》对律师行业的上述定性，导致社会上对律师群体的社会定性产生了很多认识误区。

新中国成立以来，1953年开始的第一个五年计划实现，使中国这个以农耕文明为主体的国家迅速实现了向工业化的转型，基本构建了较全面的工业体系。随后，由于指导思想偏差，犯了人民公社、"大跃进"、总路线所谓"三面红旗"的冒进错误，国民经济几乎处于崩溃边缘。自1959年第一次庐山会议后开始纠偏，到1962年"七千人大会"进行全面反思，再到1964年12月15日召开的中央工作会议颁布"二十三条"期间，国民经济再次得到了恢复。但不幸的是，从1966年开始长达十年的"文化大革命"再次使国民经济陷入前所未有的困境。

我国国民经济建设真正的辉煌时期是党的十一届三中全会后的全面改革开放，特别是2001年加入WTO后，国民经济进入了高速发展期，最终成为世界第二大经济体。

可以说，1979 年恢复律师制度以来，中国律师不但见证了中国经济的腾飞，也完全融入了经济建设的大潮，更亲身经历了经济建设的全面发展。

改革开放以来取得的巨大经济成就，我们不能想象如果没有广大中国律师积极参与的后果。中国律师是中国社会主义现代化建设的主力军，功不可没。通过对这些重要历史时期的研究和反思，能够自然而然地增强广大律师的归属感。

三、学习党史，有助于提高律师的理性思辨能力

理性思辨能力是律师最重要的一项能力。理性思辨能力从后天角度看，主要来源于对形式逻辑的学习和对自然科学的学习。因此，我们不仅要在律师业务活动中提高这种能力，更应该在更广阔的党史学习中得到提升。

例如，关于中央红军撤离苏区开始长征的战略目的，很多文艺作品定性为"北上抗日"是不准确的。中共中央党史研究室编著的《中国共产党历史》2002 年版中，包括"遵义会议""两河口会议"中都没有如此表述，而是描述为在第五次反围剿无法取得胜利的情况下作出的重大战略决策。因为全面抗战是 1937 年 7 月 7 日卢沟桥事变后才爆发的，而中央红军 1936 年 10 月 19 日就已抵达陕北吴起镇。中央红军最终落脚陕北也是长征到甘肃宕昌县召开"哈达铺会议"才决定的，此前的目的地是北出蒙古，依托苏联。

关于卢沟桥事变的起因，中共中央党史研究室编著的《中国共产党历史》2002 年版第一卷下册第 463 页记载："1937 年 7 月 7 日夜，日军一部在卢沟桥附近借'军事演习'之名，向中国驻军寻衅，并以一名士兵失踪为借口，要求进入宛平县城搜查。日方的无理要求遭到中方拒绝。当交涉还在进行时，日军即向卢沟桥一带的中国驻军发动攻击，并炮轰宛平城。"

近年来，由于新史料出现，对卢沟桥事变的起因便有了更多新解读。除了前述正统党史的说法外，还有两种说法。一种是卢沟桥事变完全是一个偶然事件，因为在解密的日本档案中，当时日军突然违背《何梅协定》大规模向中国全境发动侵略战争，在日军参谋本部意见并不一致。包括作战部部长石原莞尔本人也坚持主张，尽管日军的力量强大，但没有能力全面占领、统治中国辽阔广大的地域。最终不但难以取得胜利，而且会严重影响日军最终占领整个太平洋地区的战略重点。还有一种说法是，当时丢失的日军士兵川

茂长秀系被第三方绑架，并非无意走失。三种说法究竟哪一种更符合历史真实，首先需要历史资料的证实，更需要研究者的理性思辨分析。

客观理性判断这一历史事件的真相就需要对《塘沽停战协定》及《何梅协定》有一定了解。大多数人只知道张学良 1928 年易帜归入国民政府，1931 年 9 月 18 日，"九一八事变"后日本关东军全面占领东北，张学良的东北军随即退出山海关进入华北、西北。但对于日军如何越过山海关并占领华北地区知之甚少。这段历史主要起源于两个协定，一是《塘沽停战协定》，二是《何梅协定》。

《塘沽停战协定》是 1933 年 5 月 31 日，由南京国民政府中日停战首席代表熊斌与日本关东军副参谋长冈村宁次所签订。主要内容是中国军队停止对进攻长城沿线日军的抵抗，中国军队撤出长城以南大片地区，并将这一地区划为"非武装区"，实现了中日军队在长城沿线武装冲突的平息，进而"相安无事"。

《何梅协定》是 1933 年 7 月 6 日，由国民政府军政代表何应钦与日军驻华北地区司令官梅津美治郎达成的秘密协定。主要内容是撤退驻河北的国民军和东北军，停止抗日活动等。

这两个协定的签订实现了中日军队自 1933 年到 1937 年卢沟桥事变期间的 4 年"和平时期"。应该说，这两个协定的签订，不仅从法律层面实现了日军对东北地区的占领权，而且实现了对部分华北地区的占领权。而当时日军在亚洲的侵略扩展主要目的在太平洋战场而非中国战场。日军不惜两面开战在军事上与发动珍珠港战役无异，显然是不明智的。

当然，对于一个历史事件的研究和评判，在客观史料不全的情况下，肯定是仁者见仁、智者见智。而评判本身就是一个理性思辨的过程。律师不是历史学者，不可能在浩如烟海的史料中寻找答案，只要能进行理性思辨的分析，本身就是对自身能力的培养。

四、学习党史，有助于提高律师的历史唯物史观

党的历史不是一帆风顺，也不是一成不变。而是随着国际局势变化的大趋势与时俱进的产物。

关于"新民主主义革命"，早在 1940 年 1 月 9 日，毛泽东主席就发表过

著名的《新民主主义论》，从 15 个方面系统论述了中国共产党将要建设一个怎样的国家，其政治制度、经济制度、文化制度的特性等核心问题。

1945 年 4 月 24 日，毛泽东主席在党的第七次全国代表大会上所作的政治报告《论联合政府》，再次系统地论述了中国共产党所要建设的新民主主义政府的基本思想，政治、经济、文化制度的特性，并深刻阐释了党的三大作风。

毛泽东主席设想和论述的新民主主义制度，是一种既不同于美欧的现代资本主义制度，也不同于苏联的社会主义制度，是一种介于欧美资本主义制度和苏联社会主义制度中间的状态。在中共中央党史研究室编著的《中国共产党历史》2002 年版中，只将解放战争定性为新民主主义革命。

自 1949 年 10 月后，我国并没有继续按照设想持续实施新民主主义政体建设，而是直接进入了社会主义革命和建设的过渡时期。原因在于，从 1949 年 12 月到 1950 年 3 月，毛泽东主席率领中共代表团第一次赴莫斯科参加斯大林 70 岁生日庆典活动，在莫斯科长达两个多月访问期间，最终与苏联签订了《中苏友好同盟互助条约》，在政治上彻底"一边倒"地倒向苏联，也就因此断绝了与美国的交往、与西方资本主义发达国家的交往。此后，我国的所有政治、经济、文化模式完全按照苏联模式进行，新民主主义社会完成向社会主义社会过渡后，开始全面建设社会主义。

从 1949 年 12 月到 1950 年 3 月毛泽东主席第一次访问苏联，以签订《中苏友好同盟互助条约》为界限，产生了一个重大分水岭，既决定了我国后续发展的根本方向，也决定了中华民族历史发展的走向，更决定了中华民族的命运。

实际上，决定这一变化的时间应该更早。1949 年 6 月，刘少奇就率领中共党政代表团赴苏联访问。在刘少奇访问苏联期间，斯大林已经完全接受了中国共产党，也彻底在政治上倒向了中国共产党。不仅为中国的政治经济建设提供了大量经济、技术援助，更提供了大量军事援助。当时我国台湾、西藏、新疆、西南、华南地区都还没有解放。特别是解放军进入广阔的新疆地区所需要的汽车、武器都由苏联提供。尤其是进入新疆必须首先穿越甘肃、青海的马步芳防区。而马步芳的骑兵战斗力比较强劲，对解放军入疆形成了巨大威胁。苏联提供的空军支援，轻松击溃了马步芳的骑兵，为解放军入疆扫清了障碍。也正是因为苏联提供的武器军事援助，对新疆警备区司令陶峙岳、新疆主席包尔汉形成了巨大军事压力，最终促成了新疆和平解放。

也正因为如此，毛泽东主席拒绝了美国驻华大使司徒雷登要求从南京赴北京与中国共产党谈判的要求，毛泽东主席发表了著名的《别了！司徒雷登》一文。从此，中国与美国彻底断绝了联系，后续发生的朝鲜战争更与美国彻底变成了敌对关系，一直到1972年尼克松总统访华。

五、学习党史，有助于提高律师的辩证史观

对于党的各个历史时期的重大变革和重大事件，特别是党中央在各个历史时期所作出的重大决策都应该全面地进行评价。

1991年"八月政变"后，苏联解体，东欧剧变，柏林墙拆除。合并后的德国到今天已经很难明显看到东、西德国时期的隔阂及差距。因此，朝鲜与韩国的不同存在就变成了一个历史地标。今天的朝鲜与韩国相比，不论从任何一个角度衡量，显然都不可同日而语。

20世纪90年代，以韩国加入联合国和中韩建交这两件大事为标志，过去"用鲜血凝成的中朝友谊"已经发生了深刻变化。朝鲜和韩国同时作为联合国成员国，对我国形成了一个不良影响，这对于完成祖国统一大业也产生了一些负面效应。尤其是在韩国加入联合国问题上，中国作为联合国安理会常任理事国是投了赞成票的，这更加剧了朝鲜劳动党一定的不满情绪，两国关系虽然表面上风平浪静，但实质上已经发生了深刻变化，在外交上也形成了一定的压力。

朝鲜战争从1951年6月开始，到1953年7月结束，停战谈判实际上从1951年7月就已经开始了。中间打打停停，边打边谈。在长达三年零一个月的艰苦卓绝战争中，中、朝、韩、美、苏都付出了巨大代价，尤其是我国付出的代价最大。应该说，如果没有志愿军入朝作战，金日成的朝鲜民主主义人民共和国在1951年就不复存在了。而今天的朝鲜不但成了东亚的不稳定因素，更是世界的不稳定因素，朝核问题已经成为国际政治秩序中最不稳定的因素之一。而从地缘政治的角度看，朝鲜的核威胁对我国形成的潜在危险更大。

1953年3月5日，斯大林逝世。赫鲁晓夫上台后完全调整了苏联的外交政策。由原来斯大林的以华沙条约组织与北大西洋公约组织全面对抗政策转变为缓和对抗，集中精力进行国内经济建设。

斯大林逝世后，赫鲁晓夫撤回了苏联空军，美军完全掌握制空权。美军的空中轰炸，使朝鲜人民军和志愿军损失急剧增大，加快了停战谈判的速度。中共中央党史研究室编著的《中国共产党历史》2002 年版第二卷上册第 85 页记载："斯大林逝世。苏联新领导人为稳住国内局势并缓和东西方紧张关系，希望尽快实现朝鲜停战。"

通过对诸如上述重大历史事件的探寻和学习，能够培育我们的辩证历史观，更能唤起我们追寻历史真相的愿望，并对现行工作予以指导。

注：本文相关历史资料来源于中共中央党史研究室编著《中国共产党历史》（2002 年版）；中共中央文献研究室编《周恩来年谱》；中共中央党校教授韩钢等学者相关著作。

2023 年 7 月 18 日

律师，应当多掌握一些经济学知识

经济学知识，特别是宏观经济学知识，应该是广大律师在法学知识外最需要掌握的一门学科。经济学不仅和法学最接近，而且和几乎所有的律师业务关系最近。然而在现实中发现，除了从事金融、证券等业务的律师外，绝大多数律师对经济学知识几乎空白。

2016 年初，受全球股市震荡影响，深沪股市股价也大幅度下跌，股票市场巨额资金瞬间蒸发。在笔者参加的一次聚会上，一位企业老板问当地一位知名律师，而且这位律师还是当地律师协会的领导："某律师，这股市上的资金咋瞬间就没有了？资金都到哪里去了？"知名律师字正腔圆地回答："都让资本大户弄走了！"那位小老板似懂非懂地说："原来是这样呀……"在场的其他人也连连点头附和。

我深为这位"知名律师"对经济学的无知感到吃惊。这本不是什么有难度的问题，只要稍微对经济学有所了解的人都不应该如此回答。当然，为了给这位律协领导留点面子，也不能点破，只好一笑了之。

首先，孔子说："知之为知之，不知为不知，是知也。"一个人最起码的底线应该实事求是。不懂不可怕，可怕的是不懂装懂，祸害别人。我不知道他从哪里来的勇气能如此斩钉截铁，一本正经地胡说八道。律师给企业当法律顾问，企业对律师的意见大都非常尊重，律师的话往往对企业决策作用非常之大，我们做任何解答都应该慎之又慎。

其次，看来这位知名律师确实也不懂得经济有"虚拟经济"与"实体经济"之别。或许他从来就没听说过"虚拟经济"这个概念。股票、期货市场属于虚拟经济范畴，虚拟经济市场的资本原本就是一种虚拟交易，在资本变现前都是虚拟的。

由此笔者认为，律师在法律知识外首先应该多掌握一些经济学知识，特别是宏观经济学知识。

一、能提高自身的认知层次

现代心理学研究认为，决定一个人最终能走多远的因素不是能力和水平，而是认知层次。一个认知层次低的人，不论多努力，水平多高，能力多强，都会南辕北辙走不远。律师们往往都得意于社会将律师定位为精英阶层，如果你认知层次低得不可想象，我们又如何对精英阶层这个定位心安理得？想做一名优秀律师，首先必须提高自己的认知层次。切不可孤芳自赏，自以为是。

俄乌战争已经一年有余，战争不仅给两国人民带来了严重伤害，也给整个世界造成了严重伤害，特别造成了乌克兰人民的生灵涂炭。不论我们如何称呼这场战争，侵略战争也好，还是普京的所谓"特别军事行动"也罢。核心目的无非就是争夺土地罢了。抛开战争本身的是非曲直不说，单就战争起源而言，本身就是一个认知层次问题。

"二战"后，特别是进入 21 世纪后，不同文明的冲突方式已经发生了根本变化。人类文明已经抛弃了弱肉强食的丛林法则，不同民族、不同群体之间的竞争已经不再以能源和土地为争夺对象，进而转向科学技术进步与创新能力的竞争。只有科学技术的进步和创新能力的提高才是竞争的根本。

"二战"后，日本、德国两个战败国的发展已经无可辩驳地证明了人类竞争新方式。日本和德国的土地面积和能源储藏都非常有限，但其对现代人类文明的贡献，对世界经济增长的贡献，对人类生活方式改变的贡献都非常之大。除美国和英国外，没有国家能与之比拟。即便是美国的超级霸权地位也不是普通人理解的军事霸权，而是科技霸权和金融霸权。可以说，没有科技霸权和金融霸权就不可能有军事霸权。

2022 年 2 月 24 日俄乌战争开始时，几乎全世界都不约而同地判定俄罗斯 72 小时占领基辅，乌克兰将很快成为俄罗斯的一个州，2.0 版的克里米亚剧情将很快上演……然而结果却大跌眼镜，人类的认知几乎都出现了障碍。

特别是在涉及北约对俄罗斯的制裁以及对乌克兰的支持问题上，绝大多数人的认知边界都有问题。都认为导致战争剧情大反转的主要外部原因是以美国为首的北约给乌克兰大量军事支援，也就是给乌克兰提供了大量新式武器，标枪、毒刺、海马斯、无人机、集束炸弹、F-16……只有少数人明白，北约和美国给乌克兰提供的武器并非最先进。对俄罗斯打击最大的其实还不是武器支援，而是经济制裁。这是对现代国际经济知识未掌握的人很难理解的。而在所有经济制裁手段中，除了冻结资产外，最具致命杀伤力的是美国切断了俄罗斯银行的 SWIFT 系统。

所谓 SWIFT 系统俗称"环球同业银行金融电讯协会"。创建于 1973 年，总部在布鲁塞尔，但其计算机网络的根在美国。主要职能是在全球银行系统之间传递结算信息。通俗地说，在经济全球化的今天，我们上午在香港特区银行向地球另一半的美国银行汇款，不用半天时间对方就可以收到，如此便捷的结算支付手段就是 SWIFT 体系的功劳。

虽然该系统参与结算的银行多达万家，但由于均使用美元进行结算，而且计算机网络的根在美国，因此美国单方就可以切断任何特定银行的结算系统。俄罗斯银行被踢出 SWIFT 系统后，俄罗斯与全世界的金融结算被彻底切断，无法获得美元，自然也无法购买武器及配件，更无法购买生活物资，甚至出售石油、天然气的钱也无法结算（个别不使用美元结算的国家除外）……现代战争首先打的是金钱，没有金钱支撑的战争是无法进行的。

作为精英阶层的律师，我们有多少人具备这种认知？

二、能扩展自己的知识边界

经济学应该是和律师业务关联度最高的知识系统，也是和所有人生活联系最密切的知识系统。没有哪个国家不愿发展经济，也没有哪个人不想拥有财富；没有哪个人的生活与经济学无关，也没有哪一项律师业务与经济学没有关联。

一个人认知层次的高低首先取决于知识结构是否科学合理，只有知识结构合理、科学、庞大，认知水平才能提高。2007 年"第七届全国律师论坛"在宁夏银川召开，笔者作为论坛的主要组织者，给论坛最精彩的环节——"东西部律师辩论"设定了一个辩题："一名优秀律师的知识结构，究竟是先见林后见木，还是先见木后见林？"尽管时间已经过去了十几年，但知识结构这个论题一直没有离开我们，而且今后也永远会伴随我们。应该说，经济学知识是一名优秀律师知识结构中最重要的组成部分。

中国经济腾飞始于改革开放，特别是 2001 年加入 WTO 后。作为世界第二大经济体的中国，已经深深融入了世界经济体系。中国律师的主要业务早已经由传统诉讼业务转换为主要以为经济建设服务的非诉讼业务为主。一个不懂经济学的律师，已经很难适应为自己服务的企业进入国际经济圈的需求。

到目前为止，中国律师在各级人大、政协中担任人大代表和政协委员的人数增加很快。从 2022 年各级人大、政协换届后的统计数字看，律师代表和委员的占比已经达到了新中国成立以来最高比例。但是，我们有多少律师在持续、规律性地关注国家统计局公布的月度、季度、年度经济数据？能通过数据对经济走势进行判断？

和许多做过主要领导的官员一起聊天的时候会发现，尽管领导们几乎天天分析经济形势，但有的领导并不知道亚当·斯密、凯恩斯、哈耶克；并不知道《国富论》《通论》《通往奴役之路》对人类的影响；并不知道市场经济、计划经济的实践历程和核心区别，律师更是如此。

律师们每天都在呕心沥血地奔波挣钱，但有多少人知道纸币与黄金脱钩后，钱是如何印出来的，货币发行遵循哪些基本规则？ M1、M2、M3 是什么意思？货币指数是如何计算出来的？

美元我们又常常称之为"美金"，我们有多少律师知道美元为何叫"美金"？而美元作为全世界最稳定、流通性最广泛的货币，发行机构竟然不是美国政府的中央银行，而是美联储，美联储究竟是个什么机构？美联储是如何产生的？美国总统对美联储有多大的影响力？ 1944 年 7 月确立的布雷顿森林体系对战后国际金融体系的形成有什么意义？尼克松总统为何在 1971 年宣布美元与黄金彻底脱钩？

几乎所有律师都给企业做法律顾问，我们有多少律师能在法律领域之外给企业提供涉及经济学方面的增值服务？汇率、杠杆、逆差、顺差、基尼系数、恩格尔系数、工业增加值……我们了解多少？

只有不断扩展我们的知识边界，优化我们的知识结构，更多地学习、掌握基本经济学知识，才能为企业提供更加优质高效的服务。

三、能提升自己的业务能力

所有律师业务，不外乎诉讼和非诉讼两项。不论诉讼业务还是非诉讼业务，终极结果都是为了保护客户的利益，实现客户利益最大化。诉讼讲究对抗，非诉讼讲究双赢，有的律师并不明白这个简单道理，而是不论诉讼还是非诉讼一律对抗。特别是在非诉讼业务中也以对抗为目标，在起草合同和经济谈判中也搞对抗，特别是起草合同时要小心眼，利用自己掌握的法律知识和诉讼经验给对方当事人挖陷阱。表面上看，谈判的时候字正腔圆，据理力争，毫不退让；在合同里面处处都能看见自己设置的陷阱条款。但最终结果却是谈判的对方不可忍受放弃谈判，合同对方看见处处陷阱不敢签订，乃至签订以后由于合同的违约责任条款设置对自己有利，导致当事人不是想如何认真履行合同，而是利用合同条款动不动就诉讼追索违约金。最终结果是经济利益不但没有实现，反而付出了额外的代价。这样的律师表面上感觉非常卖力，实际价值则一文不值。

律师业务水平的高低，说到底就两个标准，一是正确性判断，二是最终价值判断。合同条款如何设置才能实现客户利益最大化？合同履行还是不履行更能实现利益最大化？在特定时间如何取舍解除和履行合同的价值取向判断？出现了纠纷，不同类型的案件究竟诉还是不诉？有时候不诉恰恰才能实现利益最大化。如果诉讼，诉讼请求如何设置才能实现利益最大化，面对客观经济利益和社会责任如何进行价值取向判断，都需要从经济学、社会学高度进行判断。而终极判断就是价值判断，如果你只是简单追求正确性判断而不懂价值判断，尽管基本程序都是对的，但结果却背道而驰，南辕北辙。而终极价值判断就需要对经济学知识的掌握，就需要律师对市场预期的判断，经济学知识必不可少。

从另一个角度衡量，懂经济学不一定会让你赚更多钱，但一定会让你不赔钱或少赔钱，避免损失或者减少损失。所谓创业难，守业更难。一定时间内不赚钱不会破产，但是大量亏损就会破产。有时候减少损失或者避免损失对企业更有利。

笔者所在的律师事务所多年做破产管理人，在破产业务中，懂不懂经济学，会不会预测市场，有时候要比掌握法律知识更重要。破产案件的终极目的是债权人利益最大化。你程序再没有毛病，如何严格执行法律，最终由于不懂经济学，不会观察预测市场，资产未能在最佳市场窗口期处置，或者错过了最佳时机处理不掉或者处置结果大幅度缩水，没有任何意义。因此，我们在处置资产的时候，要非常准确地对市场进行预测，哪怕程序上留下瑕疵也必须果断处置资产，实现债权人利益最大化。

四、能开拓自己的业务范围

笔者多年来注意到，中国律师和欧美日等发达国家律师之间最大的区别，就是不重视业务能力发展而更重视营销。发达国家的律师更多的是追求以扎实可靠的业务功底和实实在在的业绩来吸引客户，不太热衷于把大量营销学技巧运用到律师事务所的发展和业务拓展上。他们也不太过度追求律师事务所的扩张，盲目追求人数，追求开多少家分所。律师事务所大小随遇而安，自然发展。而中国律师则完全相反，每年全国有各种各样、成百上千的会议、论坛，议题几乎都是清一色的"营销策略"，而纯粹的业务内容却少得可怜。即便是在律师事务所管理问题上也是花样翻新，无穷无尽……实在搞不明白，全国有九千多万家公司，国家制定一部《公司法》和几部司法解释就够了。而我们不到四万家律师事务所管理怎么就比九千多万家公司还复杂？

律师事务所和公司不一样，律师事务所的社会责任和经营价值取向也和公司不一样。拓展业务是必需的，但是拓展业务还是要以扎实的业务能力、过硬的服务水平、科学合理的知识结构和较高的认知层次来实现。

一个懂经济学的律师和不懂经济学的律师相比，哪个更受客户欢迎？一个懂市场和会预测市场的律师与一个对市场根本不了解的律师哪个更受客户信赖？当你能在客户遇到问题的时候，不但能从法律的角度给出逻辑缜密的答案，而且能从市场预测和经济学的高度分析给出答案，你的客户对你的信赖程度会大幅度增加。你的客户自然而然地会将你推荐给和他关联的其他企业，你的业务拓展自然水到渠成。另外，如果不懂市场，不懂经济学，你就没有勇气参加企业之间召开的各种论坛和会议；如果你能对市场有更加准确深度的了解和把握，你对经济学有一定程度的掌握，你就敢于参加企业之间召开的各种会议和论坛；如果你能在这些会议、论坛上不但从法律的角度发表演讲，而且将法律学、经济学、市场学结合起来发表演讲，你还发愁业务范围不能得到扩展吗？而且这样拓展的客户才是实在的。靠宣传和营销技巧获取的客户和业务是最不稳定的，得之易，失之也易。

还有一个特别重要的问题就是律师与客户之间的关系如何处理。从法律的角度当然都是服务关系，但实践中就比较难处理了。换句话说，就是你希望你的客户把你当"师爷"还是当"雇员"？如果客户一直把你当作自己的一个部门经理，那你的重要性不言而喻。当你的知识结构不合理，认知层次低的时候，客户一定会把你当作自己手下一个部门经理来召唤；当你知识结构合理、认知层次高的时候，你的客户自然会把你当"师爷"。

综上，为了能够成为一名优秀律师，为了能够成为客户的"师爷"，为了自己的业务能够不断更上一层楼……律师们，应该多掌握一些经济学知识。

2023 年 8 月 16 日

说说周泽"这事儿"

庚子年注定不平凡！一场大疫情席卷全球，损失惨重，几乎没有哪个国家能幸免……好不容易盼到了疫苗，人类刚刚看见一丝曙光，不料英吉利岛上又出现毒株变异，更大的阴影来了，还没舒展几天的心顿时又悬了起来。

在国内律师行当里，周泽注定不是个"省油的灯"，放着好好的教授、记者不当，非要跑到律师行当里"抢饭碗""蹭名头"。庚子年各行各业都不易，律师业同样难，大家都盼着尽快走出庚子年魔圈，不料他又闹出一场将被停业一年处罚的"大戏"……而且没想到引发的社会关注度大大超出了几乎所有人预料，我敢肯定也一定超出了朝阳区司法局的预料。看来想不出名都难了！原本只是律师界的名人，一不小心蹿出法律界成了全社会的名人、国际名人……

近几天已经有很多"热心人"写了很多文字呼吁、关注……各自从不同角度表达意见。虽说"仁者见仁、智者见智"，但绝大多数观点都反对处罚，力挺周律师，当然也不免会宣泄一下情绪。周泽"这事儿"就案件本身而言，不过是成百上千个律师被处罚的案件之一，但在此时此刻这样一个特殊环境和特殊时期，社会意义就非同寻常了，绝不是一件小事儿。作为同行、朋友，我觉得有必要尽可能客观、中立、理性地说说周泽"这事儿"。毕竟理想很丰满，现实很骨感，解决问题必须回到理性和法律的轨道内。

一、我不完全赞同周律师自己的辩解观点

周律师率先发文提出四点辩解意见。第一，此次公布的刑讯逼供视频，不是什么案卷材料，而是准备提交的辩护证据。第二，公开被公安机关定性为"拒不供述其涉嫌诈骗的犯罪事实"的吕先三律师"诈骗"案刑讯逼供录像，是一种辩护行为。第三，公开披露侦查人员的刑讯逼供行为，是作为公民对国家机关及国家工作人员的公开批评和控告，是受《宪法》保护的合法行为。

第四，公开披露侦查人员的刑讯逼供行为，是一种对社会有益的行为，应该受到鼓励……

尽管周律师是当事人，对自己行为的性质应该最有发言权。但我对四项辩解意见只赞同后两项，前两项并不赞同，理由如下。

第一，刑讯逼供视频当然属于案卷材料，这不应该有争议。视听资料是《刑事诉讼法》第50条规定的八种证据之一，是由侦查机关收集制作，由检察机关向法庭移送提交的证据，肯定属于案卷材料的一部分。《律师办理刑事案件规范》第33条中规定，案卷材料包括案件的诉讼文书和证据材料。视听资料当然属于证据材料，也自然属于案卷材料。辩护律师向法庭提交的辩护证据有自己收集的，也有公诉机关移送的，而且绝大多数都是公诉机关移送的。只要是公诉机关移送的，就应该是案卷材料。一审结束后，律师自己收集后向法庭提交的证据材料被收入一审卷宗后同样属于案卷材料。不能因为辩护律师作为辩护证据提交就否定其属于案卷材料的属性。

第二，辩护行为享有豁免权是通行规则，但不是所有的辩护行为都享有豁免权，只有法律不禁止的辩护行为才享有豁免权。如果一种辩护行为被法律禁止，虽也属于辩护行为，但并不享有豁免权，至少在我国是这样的。因此，以辩护行为享有豁免权而否定可受处罚性显然是难以实现的。

对于第三、四项辩解意见我完全赞同。但是需要帮周律师对第三项理由做一个加强版帮助。我国《宪法》第41条规定："中华人民共和国公民……对于任何国家机关和国家工作人员的违法失职行为，有向有关国家机关提出申诉、控告或者检举的权利……任何人不得压制和打击报复。……"我国《刑事诉讼法》第14条有现成规定："……诉讼参与人对于审判人员、检察人员和侦查人员侵犯公民诉讼权利和人身侮辱的行为，有权提出控告。"我认为这条规定最为直接，可以成为周律师的"护身符"。

二、周律师能不受处罚的路径

周律师被停业一年这个处罚本身并不算很严重，本案之所以引起社会舆论高度关注其实完全在于其所引发的普遍社会意义和价值，具有一定的风向标意义，当然不能等闲视之。

从法律和现实层面考虑，使周律师免受行政处罚无非有两条路：第一，从法律和事实上证明该行为不应受到行政处罚；第二，虽然该行为在法律上具有可受处罚性，但处罚机关可以综合考虑其他因素而不予处罚，这在法律上没有任何障碍。因为行政处罚不同于刑事犯罪处罚，行政机关完全拥有这样的权力，即便是已经生效的《行政处罚决定书》，行政机关也同样有权不去执行。

网络上呼吁的朋友大多数都在从第二条路争取、呼吁，我认为还是应该把主攻方向放在第一条路上，第二条路走通的可能性不大。

从朝阳司法局的《行政处罚听证告知书》来看，拟实施处罚的法律逻辑应该没有大问题，我相信是经过深思熟虑的，绝非轻率之举。《律师法》第49条、《律师执业管理办法》第38条、《律师办理刑事案件规范》第37条，三者之间互为依存，环环相扣。

《律师法》第49条设定的处罚行为是："以其他不正当方式影响依法办理案件的"，《律师执业管理办法》第38条规定了四种影响依法办案的不正当方式，周律师的行为被认定为第四种：违反规定披露、散布不公开审理案件的信息、材料，或者本人、其他律师在办案过程中获悉的有关案件重要信息、证据材料。法条对该行为设定的前提是"违反规定"，那么究竟违反了哪个规定呢？《律师办理刑事案件规范》第37条……逻辑衔接几乎无懈可击。

真的无懈可击吗？当然不是，至少我认为不是。

我只是说法律逻辑没有大问题，但这并不意味着对法律或者规范所包含的意义也没有问题。处罚的合法性不仅是法律逻辑上的衔接，更主要的是对法律规定本身的理解与阐述科学合理，特别是不能与其他相关法律规定相互矛盾。

三、真的"违反规定"了吗？

《律师法》第49条设定的可受处罚行为是"以其他不正当方式影响依法办理案件的"，故据此处罚的前提依据是《律师执业管理办法》第38条规定的四种"以下列不正当方式影响依法办理案件"情形，周律师的行为属于第四种：违反规定披露、散布不公开审理案件的信息、材料，或者本人、其他律师在办案过程中获悉的有关案件重要信息、证据材料。而这个条款设定行为可受处罚性成立的前提是"违反规定"，那么究竟违反了哪个规定？虽然《行政处罚听证告知书》没有说，但潜台词肯定是《律师办理刑事案件规范》第37条。因此，该行为可受处罚性评价源头就是究竟是否违反规定。如果不能证明"违反规定"，后面的所有处罚法律依据全部清零，我认为"违反规定"这个前提条件并不成立。

第一，《律师执业管理办法》属于部门规章，按照《立法法》规定属法律范畴。法律规定了"违反规定"，但并未规定违反什么样的"规定"才算。总不能随便违反个规定都算吧？行政处罚是仅次于刑事处罚的公权力惩罚行为，必须对其进行严格限制。刑事处罚的原则是"罪刑法定"，行政处罚的原则也是可受处罚的行为"法定"，如果非"法定"而随便找一个规定替代，那行政机关的权力就会无限扩大。

《律师办理刑事案件规范》属于"法定"吗？当然不是！它只是一个行业规范而已，当然不具备上位"法律"的性质。所谓"违反规定"，应当是指违反了对所有相关参与人都具有普遍强制约束力的规定，而非只是对个别群体或个人有约束力的规定。

因此，《律师办理刑事案件规范》应该是律师协会按照《律师协会会员违规行为处分规则（试行）》实施律师行业惩戒的依据，而不应该成为行政机关实施行政处罚的依据。以行业操作规范作为行政处罚依据明显在法律上"跨界"了。

我国现行法律明确规定了刑事诉讼"一个中心"的原则，即以审判为中心。刑事诉讼从侦查到审判，国家的相关司法机关已经订立了一系列法律、法规、司法解释、答复说明……刑事诉讼的诉讼参与人在参与刑事诉讼中应该普遍遵守的规范当然应该由相关司法机关规定。不论是公安部、安全部、司法部、最高人民检察院、最高人民法院所作的规定，相关诉讼参与人都必须遵守。

第二，最关键的是《律师办理刑事案件规范》第37条本身也存在严重时间缺陷和范围缺陷。

首先，按照《律师办理刑事案件规范》第33条规定，案卷材料包括案件的诉讼文书和证据材料。刑事诉讼案卷中的诉讼文书从侦查开始就不属于保密范畴，诸如伤情鉴定、尸体解剖报告、价格鉴定意见，乃至拘留证、逮捕证，这些都是"案卷材料"，根本就不保密，是完全公开的。该第37条并没有将"不能提供""不能披露"案卷材料分开规定本身就是错误的。这些公开的案卷材料完全可以提供、完全可以随便披露。

其次，刑事案件的案卷材料保密或者不对外公开是有时间限制的，不是无期限的。一审开庭时所有的证据材料都已经完全公开，判决书也会把所有证据材料明确公布并进行采纳与否的评判，判决书内容任何公众都可以网上查询复制……可以说，一审后除法律规定的特殊保密证据外，其他所有证据都完全公开，根本不需要保密。但该第 37 条根本没有进行时间限制，同样是错误的。如果把该第 37 条理解为没有时间界限，辩护律师不论任何时间都"不能提供""不能披露"，那就只能说明该规范与《刑事诉讼法》相抵触，当然是无效的。周律师的"披露"行为发生在二审期间，不存在保密问题。即便强行将《律师办理刑事案件规范》算作"规定"的话，也不存在违反该第 37 条规定的问题。

四、是否会"影响依法办理案件"？

否定了"违反规定"的前提，再分析一下"影响依法办理案件"的后果问题。不论《律师法》第 49 条还是《律师执业管理办法》第 38 条，都同时设定了一个行为后果，即"影响依法办理案件"。如果行为不会影响依法办案，即便存在违规行为，同样不受处罚。

那么，会影响依法办案吗？我认为不但不会影响依法办案，反而会促进依法办案，除非你本身就不打算依法办案。

第一，《刑事诉讼法》第 14 条第 2 款规定："诉讼参与人对于审判人员、检察人员和侦查人员侵犯公民诉讼权利和人身侮辱的行为，有权提出控告。"辩护律师当然属于"诉讼参与人"，法律本身就赋予了律师这样的权利，行使法律赋予的基本权利怎么会影响依法办案？怎么应该受到行政处罚？

第二，刑讯逼供是一种严重违法行为，是所有法律文明国家刑事诉讼的"毒瘤"，一定条件下也是一种犯罪行为。揭露违法犯罪行为，排除非法证据，才能使案件得到公正审理和判决，客观上促进了依法办案；相反，如果刑讯逼供的违法犯罪行为不被揭露，甚至为了"护丑"而予以掩盖，非法证据就会被"暗箱操作"，进而堂而皇之地成为判决依据，案件恰恰不会得到公正判决，结果恰恰又是保障了非法办案。

在法庭上出示刑讯逼供的非法证据，并进行是否予以排除的辩论，这本身就是一种公开行为。不论最终该证据是否被排除,判决书中肯定会明确载明,判决书面向全社会公布,与网上公布该证据并没有本质区别。

实在想不出这种《刑事诉讼法》倡导的行为会如何"影响依法办案"。没有这个法律后果,行政处罚当然不能成立。

五、周泽"这事儿"的价值取向评判

必须说明的是,不论刑事处罚还是行政处罚,都必须遵守一个基本的价值取向原则,那就是必须以社会危害性为前提。如果不具有社会危害性甚至具有正义性,即便在形式上与某些可受处罚的行为形式相吻合,在执法层面上仍然不应该实施处罚。不论是司法人员还是行政执法人员,都应该是法律的信仰者、维护者,更是以公正、善良的执法行为对正义进行弘扬和诠释的践行者。执法人员不是执法机器,判断行为的基本价值取向是最基本的素养和执法原则。

不可思议的是,侦查机关竟然把刑讯逼供视听资料送到法庭,连掩饰一下都不需要,还那么多内容,可见其不在乎到了何种程度。通常情况下这种东西是不可能主动移送的,这种情况确实少见。面对如此违法行为,代表公平、正义的法院和法官应该如何对待?肯定不需要其他人"班门弄斧"了吧……

以上是本人对周泽"这事儿"的一点肤浅看法,供大家批评,也算是帮周泽律师在以后的程序中提供一些辩解意见。

2020 年 12 月 27 日

再说"周泽事件"！

——兼与"江大河"先生商榷

不出所料，朝阳区司法局正式决定对周泽给予停业一年处罚。与此同时，网络上出现了一篇署名"江大河"的原创文章——"周泽事件的真正焦点与哈哈镜式舆论反应"。对于同一件事每个人有不同看法实属正常，孔子两千多年前就倡导"仁者见仁，智者见智"。不要轻易断然否定别人，更不要唯我独尊，说不定自己就错了……特别对于相反意见，更应该多看看、多想想。认真看了两遍该文后感觉还是有必要再说说"这事儿"。因本人也写了一篇《说说周泽"这事儿"》参与探讨，对"江大河"的这篇文章自然更需要关注。特别是"大河先生"（后文一律称"大河先生"）说："在周泽事件中，一些律师和学者的言论，表现出的专业水平不高和逻辑性明显不足，对于是非曲直的观念模糊，是某些观点明显偏失的原因。"更觉得有必要说说，以免混淆视听。

一、先从这句话说起

从口气看，明显属于那种居高临下，高屋建瓴，不容申辩，你必须臣服的架势。但仔细揣摩，又有嘴尖皮厚腹空之嫌。

第一，这句话是个病句，句子不通。随便找个小学语文老师看看，或者找个播音员读读，感受一下是否不通？四个逗号，一个句号，肯定是完整的一句话。但一句话里面却感觉表达出两层走向不同的意思。除去"在周泽事件中"定语部分，后面四小段，前两段和后两段之间句式不一样，意思也无承继，感觉说的是两件事。前面的"言论"与后面"观点偏失的原因"缺乏呼应；"观点明显偏失的原因"究竟是言论专业水平不高，逻辑性不足造成的，还是"是非曲直观点明显偏失"造成的？读者无法判断。如果说观点明显偏失造成是非曲直观点模糊尚说得过去，但说逻辑性不足造成的则在逻辑本身就说不通了。因为逻辑是表达方式和能力，而观点才是认识和看法，表达方式和能力与观点偏失之间显然没有因果关系；当然，从语法上仔细分析问题还多……

"大河先生"如果对中国语言文学基础知识有所了解的话应该明白，中国语言文学作品的构成阶梯是文字—词汇—语法—修辞—逻辑—主题……希望"大河先生"先在"语法"层面多补补课，语法不过关，就别急着奢谈逻辑。

第二，不论古今中外，都遵循一个规矩，山外有山、天外有天，能人背后有能人；不搞一言堂，不搞唯我独尊。不论老子的《道德经》还是孔子的《论语》都同时坚决反对固执己见、自以为是；毛主席在延安时期就旗帜鲜明地主张"百花齐放，百家争鸣"。社会科学不同于自然科学，没有谁是绝对顶端。即便是真正的大师，也从来不会轻易指责别人这个不高，那个不是，也不敢说自己就代表最高水准，越是真正的大师越是虚怀若谷。圣人都"吾日三省吾身"，何况凡人？如果确实需要指出或者批评"不高"或"不足"，一定要具体、明确、言之有物，不能只会贴标签。

第三，指责几位说话的律师、学者"专业水平不高，逻辑性不足"当然可以，但一定要言之有物，让人信服。

首先，不知"大河先生"所说的专业水平不高是指哪个专业？这里至少涉及三方面专业：一是法学水平，二是律师执业水平，三是司法行政管理及相应的行政处罚方面的水平。我不知道究竟哪个不高？非常期望"大河先生"能指出是哪个专业方面水平不高，水平低究竟表现在哪些问题上，不能只会贴标签。

其次，"逻辑性不足"是个什么概念？本人对普通逻辑学略有所闻，倒没有听说过逻辑性不足这种提法。何谓逻辑学？逻辑学是研究思维的科学，恩格斯指出，逻辑是"关于思维过程本身规律的学说"（《马克思恩格斯选集》第四卷，人民出版社1972年出版，第253页）。既然是思维过程的规律学说，那就应该有强弱、高低之分，不存在"不足"之说。

其实，从整篇文章看，明显感觉"大河先生"对逻辑学没多少了解，未必知道普通逻辑、数理逻辑的区别，更不一定明白概念、判断、推理的规则，至于何谓直言三段论，何谓假言三段论，同一律、矛盾律、排中律、充足理由律如何在法律业务中运用，怕是更感新鲜了。

实际上，这篇文章的整体结构本身就缺乏逻辑条理，题目与内容并不配套，论点与论据之间缺乏内在联系；段与段之间逻辑关系混乱，有的搞不清是并列关系还是包容关系；甚至文章后半部分的段落排序都不能保持简单的一致性，前面是其一、其二，后面倒变成了第三、第四……这样的文章大谈逻辑确实奢侈了。

最后，"对于是非曲直的观念模糊"就是用词不当了。是非曲直对应的只能是"观点"而不应该是"观念"，观念本来就是比较模糊的。因为观点是人的理性判断，而观念只是对客观事物的直接反映和印象。何谓观念？《现代汉语词典》（第7版）解释为：（1）思想意识；（2）客观事物在人脑里留下的概括的形象（有时指表象）。请问，这"观念"能非黑即白、是非曲直、泾渭分明吗？

二、"周泽事件"与"哈哈镜式舆论反应"

1. "大河先生"不知不觉将周泽案件上升到了"事件"高度，不知道是"用词不慎"，还是"有意为之"？对一个执业律师给予停止执业一年处罚，不过就是每年成百上千个对律师实施处罚的案件之一，比起律师被吊销执业证轻多了，比起律师涉嫌重罪被判刑更是轻得多，只不过周泽案件相对引起了社会的关注而已，也不至于上升到"事件"高度。连"大河先生"自己也说："形成了不大不小的舆情"，一个"不大不小的舆情"也能上升到"事件"高度？何谓事件？《现代汉语词典》（第7版）解释为："历史上或社会上发生的不平常的大事情。"请问，周泽案件是否够得上这种级别？

2. 把舆论反应说成是"哈哈镜式"打击面太大。周泽案件在网上引起公众关注说明了社会对律师行业的关注，这不是啥坏事。无论是选择写文发声还是跟帖评论，都属行使正常话语权，个别观点偏激也属正常。为何要扣上一顶"哈哈镜式"的帽子？何谓哈哈镜？凡是照过哈哈镜的人都清楚，就是完全走形！除了基本特征外，其他边界完全被扭曲！这么多人都完全走形？都完全不靠谱？只有"大河先生"一个人正确，一个人不走形？

三、"大河先生"最大的问题是自己随意设立正确标准

其一，案卷材料提供给律师目的只有一个……这些材料的正当用途就是

在诉讼过程……脱离诉讼程序……属于不正当使用……不能因为不属于国家秘密、商业秘密、个人隐私，其行为就不属于"违反规定"。

谁规定的案卷材料提供给辩护律师目的只有一个？谁规定的案卷材料脱离诉讼程序就属于不正当使用？谁规定的国家基本法律已经规定无须保密的东西，地球人都可以披露的东西唯独律师却不能披露？不知道"大河先生"是否知道《刑事诉讼法》大，还是《律师办理刑事案件规范》大？哪个效力更高？法律上有一个常识性规则，行使公权力，法无授权不可为；行使私权利，法不禁止即可为。我们本来在讨论是否"违反规定"的问题，如何又冒出一个"正当使用"和"不正当使用"问题？"正当与不正当使用"与是否"违反规定"之间啥关系？是不是跑题了？

其二，"要举报也应是向国家监察机关、检察机关、纪检部门以及办案人员所属机关进行举报……对于律师来说，不需要采取这一办法……网络公共空间只是舆论发酵的场合"。不知道"大河先生"哪来的底气和权力作了这么多规定？谁规定了举报只能向有关可以受理的机关？在网络上传播后这些机关不就也知道了吗？这难道不也是一种向有关机关举报的监督渠道吗？又是谁规定律师不需要采取这种办法？请问纪检监察机关通过网络举报这种形式查获了无数案件，打击了很多腐败分子，难道这不叫举报？既然任何普通老百姓都可以用的方式律师为何却不能用？

至于说"网络公共空间只是舆论发酵的场合"就是明显对公共舆论仇视了。网络空间本来是传递信息、表达民意的重要场所，在"大河先生"这里变成了"只是舆论发酵的场所"，而且还"只是"！难道传递信息不是网络空间的功能吗？换句话说，网络空间除了舆论发酵外再无任何益处了？您为何这样抵触网络空间，抵触舆论监督？

其三，《律师法》第49条中"以其他不正当方式影响依法办理案件的"本来就是授予司法行政机关自由裁量的权力，即其他行为是否正当，由司法行政机关加以认定……

第一，《律师法》第49条第1款第1项规定："违反规定会见法官、检察官、仲裁员以及其他有关工作人员，或者以其他不正当方式影响依法办理案件的；"按照"大河先生"对此的逻辑分析，就是律师除违反规定会见法官、检察官、仲裁员以及其他工作人员这几种行为之外的"其他行为是否正当，由司法行政机关加以认定……自由裁量……"一个律师除了违反规定会见法官、检察官、仲裁员以及其他工作人员之外的"其他行为"太多了，不要说与律师业务无关的行为，就是与律师业务乃至诉讼业务、刑事诉讼业务有关的行为何止成百上千，合规性一律由司法行政机关自由裁量？

第二，既然《律师法》第49条中"其他不正当方式"行为认定由司法行政机关自由裁量，那朝阳区司法局的《处罚决定书》还用《律师执业管理办法》第38条和《律师办理刑事案件规范》第37条做什么？不是多此一举吗？

第三，什么叫自由裁量？所谓自由裁量是指处罚幅度不是指可受处罚的行为，可受处罚的行为是不可以自由裁量的，必须由法来规定。按照"大河先生"的这种理论，刑事法官手里的自由裁量权更大了，何种行为构成犯罪也由法官自由裁量，还要《刑法》分则做什么？还要"罪刑法定原则"做什么？司法行政机关的自由裁量权只是在停业六个月到一年之间行使自由裁量，不是何种行为应该受到处罚也自由裁量。

其四，"周泽拟被行政处罚与言论表达权没有关系，他被处罚的是……行为"。"大河先生"的论辩完全超乎想象。

"大河先生"的逻辑是，说话权与行为没有关系，人的话语权与行为之间各自独立，说话权以及行为与思维之间应该也没有关系了，也是各自独立的。

思维何以能扭曲至此？一个人的行为和语言能互相独立吗？行为也好，语言也罢，能独立于思维而单独存在吗？言为心声，语言和行为都受大脑支配，这点常识是个人都明白。

周泽受处罚的行为是什么？在网络空间传播了侦查人员刑讯逼供视频；他为什么要传播？曝光警察刑讯逼供的违法行为，行使自己的话语权……您看看没有关系吗？

至于周泽案件的启示究竟是什么，已有同行及学者发表了很多意见，在此不想多说。可以预料的是，以后对律师言论的管控会越来越严。无论如何，一个基本的法律原则是，法不溯及既往。在法未作出明确规定之前，还是要守住基本法律底线，不能随意自由裁量认定违法、违规而予以处罚。

2021年1月13日

法律人的理性思维

一个发达成熟的法治社会，一定会有一个充满思辨、理性的法律人群体。正是因为这个群体的存在，才使得破浪前行的巨轮有了压舱石，既能保障高速前行，又能保证稳如磐石。

一名优秀的法律人，需要多项优秀素质，但是其中最根本的一项就是细致、缜密的理性思维能力，在对相关问题进行判断处理时能最大限度摒弃感性思维，不为情感所左右，不为众生相所迷惑。

在人类群体的生活中，绝大多数人都是以感性思维为主，真正具有理性思维并以理性思维判断处理事情的人并不多。即便是在欧美这些已经走过漫长民主法治历程的发达国家，在每一次大选投票时选民所作的选择，多数人仍然是感性思维判断的结果，真正以理性思维判断的人也并不是很多，英国的脱欧公投结果更是如此。

想成为一名出类拔萃的法律人，首先必须练就超强的理性思维能力，否则你对案件事实和法律结论所作出的判断就有可能是错误的。很难想象一个不具有理性思维的人会成为优秀的法律人。法律人练就理性思维能力不是应该不应该的问题，而是必需的问题。纵观古今中外，那些脍炙人口、载誉史册的经典案例，无不闪烁着理性和思辨的光芒。

一、何谓理性思维

从理论上或概念上解释何谓理性思维往往会显得有些枯燥，甚至难以理解。从现实出发进行说明也许会事半功倍，我们不妨举例说明。

"李约瑟之谜"与"钱学森之问"。

英国著名学者李约瑟于1900年在其编著的《中国科学技术史》中正式提出："尽管中国古代对人类科技发展做出了很多重要贡献，但是为什么科学和工业革命没有在近代中国发生？"到1976年，美国经济学家肯尼斯·博尔丁将其称为"李约瑟之谜"或"李约瑟之问"。

如果我们对东西方文化的价值取向及根源进行比较意义上的分析，应该说解释"李约瑟之谜"并非难题，因为东西方文化在原点上就已经形成了巨大差异。

首先，阿尔伯特·爱因斯坦指出，西方科学以两个伟大成就为基础，即"逻辑关系"和"因果关系"。逻辑关系使人类注重理性思维，因果关系使人类注重探索微观研究和实证。由此，一系列伟大的基础科学发明在理性思辨中诞生。

其次，西方人在注重逻辑关系和探索因果关系的基础上诞生了一个伟大的几何学悖论"彭罗斯阶梯"。彭罗斯阶梯是指一个始终向上或者始终向下却无限循环的阶梯，可以视为一个三角形的变形体。

这是一个由二维图形的形式表现出来的拥有 4 个 90° 拐角的四边形楼梯。因为它是个从不上升或下降的连续封闭循环图，所以一个人可以永远在上面走下去而不会升高。

彭罗斯阶梯揭示的是一个图像效果，可以给人产生错觉，让人感觉到永远走不出去。但是这种结果在三维空间却不会出现，而如果放在更高的四维空间就可以实现。

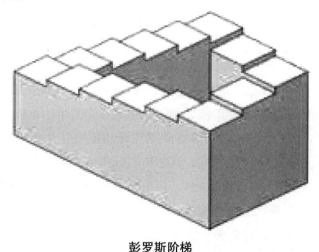

彭罗斯阶梯

彭罗斯阶梯开启了人类对几何学、对视觉心理感受、对四维空间的探索，完全属于理性或超理性的探索。

而中国文化的思维方式则完全相反。中国文化自古崇尚现实、名利，崇尚"学而优则仕",重文轻理,不注重实证,擅长宏观把握而缺乏微观探索。我们从中医和西医的医学机理区别就能非常明显地看出其中的差异所在。

无独有偶,在"李约瑟之谜"提出七十年之后的 20 世纪 80 年代,我国著名物理学家、"两弹一星"元勋钱学森先生又提出了著名的"钱学森之问",二者可谓有异曲同工之妙。钱学森之问的核心是:"为什么新中国诞生已经三十多年,竟然没有培养出一位学术大师?"

钱先生提出这个问题显然是冷静的、理性的。事实的确如此,中国有十多亿人口之巨,这一代包括钱学森先生在内的邓稼先、李四光等科学家都不是新中国自己培养出来的,而是美国、英国培养出来的。新中国最后一位自然科学大师陈景润先生也不是新中国培养出来……日本只有一亿人口,每年都会至少获得一个诺贝尔奖;如果单从人口比例衡量,与只有一千万人口的以色列国相比,中华民族在世界科学领域对人类的贡献简直无法想象。

钱学森先生提出这个问题当然是理性的,也许先生确实自己不能解答这个问题,也许先生明知故问。而真要解答这个难题更需要理性思维,而且结果恐怕远远超出思维方式本身了。

二、理性与感性,聪明与智慧

(一)概念

寻求有效方式达到目的是理性思维;寻求喜欢方式达到目的是感性思维。

这样定义或许还是有些晦涩,还应举例说明。我有一个非常熟悉的朋友,基本上不识字,搞起了房地产开发。尽管文化水平极低,却还是赚了不少钱,进入富人行列。从理性角度分析,其之所以能够成为富人,财富积累一定和权力寻租有关。因此,其不论遇到任何事情首先想到的是托关系找领导来解决,托关系、找领导就是其喜欢的方式。每逢遇到麻烦问题首先想到的就是找领导解决。尽管找领导多数情况下并未解决问题,最终以失败告终,但其还是宁可找领导也不喜欢请律师"防范风险"。在他的思维里面,他认为任何事情领导都可以解决。以至于让对手把和他共同所有开发的土地完全通过登记变更到自己名下,并起诉法院要求排除妨碍的时候,他还是想让领导给对手求情说话"放弃到手利益"……这就是非常典型的感性思维方式。

同样一件事，解决渠道一般都是多元的。可以采取权力寻租方式，可以采取上访方式，也可以采取协商调解方式，更可以采取诉讼方式，乃至采取其他非正常的极端方式……

大多数人往往只知道自己了解的方式而不知道还有那么多自己不了解的解决方式，即便知道了也往往采取自己熟悉和喜欢的方式。而对于法律人来说，不但能够穷尽知道所有可能解决的渠道，还能理性分析并找到最有效、最便捷、最廉价的方式。这就是法律人的理性思维。而在实践中，很多法律人往往并不具备这种能力。

而同样一个案件，即便从法律的角度衡量，也仍然有多种程序选项。有些案件，可以用民事诉讼程序解决，也可以用行政诉讼程序解决，还可以采取刑事诉讼程序解决。当事人不可能知道还有几种诉讼途径，但是法律人不但应该知道，而且能够进行有效选择。有些大家都认为只能采取民事诉讼方式的案件，其实还有一个角度完全可以用行政诉讼或者刑事诉讼的方式解决，而且效果还事半功倍，这也是法律人的基本理性思维能力。

例如：第一，转让开发未达到百分之二十五的国有土地使用权发生纠纷，从土地转让合同的角度看属于民事纠纷；而从土地使用权过户的角度看属于行政纠纷；如果从非法转让土地使用权的角度看有可能是刑事犯罪案件。

第二，以股权转让形式实现土地使用权转移纠纷，既可以是股权转让合同纠纷，也可能产生税收行政处罚案件，更有可能产生非法倒卖土地使用权刑事案件。

第三，实践中存在大量刑事与民事交叉的案件。合同纠纷与诈骗罪、合同诈骗罪、贷款诈骗罪……

（二）理性与感性的差异

第一，理性一般尊重规律，而感性总是轻视规律。

规律是人类探索物质世界的重要途径，不同领域有不同的规律，不同的业务自然也有不同的规律。对于法律人来说，不同的法律业务自然有不同的规律。特别是对于律师来说，诉讼业务的规律和非诉讼业务的规律自然不同；谈判和辩论的规律也完全不同；不同的诉讼程序所遵循的规律也完全不同。

第二，理性一般追求效率，感性则往往不计成本。

不同的矛盾选择不同的渠道，不同的纠纷选择不同的方法。标额完全相同的两个案件，追偿一万元违约金和追索一万元人身损害赔偿的价值取向就完全不同。人身权利无价，为了求得公平和心理平衡，可以不计成本；而单纯为了一万元违约金去提起诉讼，则必须考虑成本。

第三，理性压抑欲望，而感性追求满足。

现实生活中，并非所有的冤屈都能伸张，并非所有的公平都能得到满足。选择需要理性，不能追求明显得不到的公平，不能为了满足感性欲望而追逐无法达到的目的。这是感性思维与理性思维的根本界限。如果理性告诉我们公平无法实现，宁可选择压抑欲望，放弃追求满足。

第四，聪明者多感性，智慧者多理性。

聪明和智慧并不相同，聪明人很多，而称得上有智慧的人则很少，真正能够称得上智慧的人凤毛麟角。聪明人多以感性为主，而智慧者多以理性为主。智慧者一定是聪明人，但聪明人却不一定有智慧。

第五，男性多理性，女性多感性。

从性别的角度看，男性更理性一些，女性更感性一些。就像男性方向感一般都会强于女性一样，这种差异属于先天差异。当然，同样的男性之间、女性之间在感性与理性之间的差异也是先天造成。但理性思维完全可以通过后天学习和锻炼而增强，这也是我们要求法律人必须以锻炼造就自己的理性思维为主要任务的目的。

三、法律人如何提高理性思维能力

（一）不断扩大知识面

孔子云"君子不器"，通俗说就是君子不能成为一个器皿。律师应该走专业化道路，但是不能一开始就专业化，将自己限制在一个狭小的空间内，永远不具备高瞻远瞩的素质。从某种意义上说理性思维就是一种批判性思维，装在电脑里面的知识绝对不能等同于装在头脑里的知识。没有超大的信息量是不可能作出理性判断和批判的。

"世事洞明皆学问，人情练达即文章"，上下数千年，纵横数万里。只有登高才能望远，只有厚积才能薄发。

（二）熟练掌握逻辑知识和技巧

提高理性思维能力，最重要的一项知识能力就是逻辑知识。所有大学的法律系都开设形式逻辑或者法律逻辑课，而几乎所有的学生对于诸如法律逻辑、法制史这些公共课程都不会认真学习，都是应付考试及格就好。而实际上走向社会后，能够提升法律人能力和学识高度的恰恰是这些公共课程。提高理性思维能力，首先要认真掌握逻辑学。

（三）要敢于质疑，不畏权威

理性思维能力从某种意义上就是一种逆向思维能力。具有理性思维能力的人其中一项根本素质就是不盲目跟风，不盲从权威，善于站在相反角度思考问题，敢于质疑既成事实和权威，敢于挑战公众认知。大多数老百姓认可的道理恰恰不一定是正确的道理。尤其诉讼律师、刑事辩护律师就是质疑和挑战公诉机关的"起诉书"；民商事代理律师就是质疑和挑战原告的"起诉状"和被告的"答辩状"。

（四）多参加辩论

欧阳修云："纸上得来终觉浅，绝知此事要躬行。"练就理性思维能力永远不能局限于理论上，必须大量地参加辩论，积累得多了，量变就会产生质变。

（五）要勤于思考

子曰："学而不思则罔，思而不学则殆。"勤于思考是塑造理性思维最有效的途径。对于任何事情绝对不能人云亦云。即便大家都觉得顺理成章，你也要多一个思考程序。即便对于没问题的事情，也要思考为什么没有问题，对在哪里？错在哪里？永远不要把别人嘴里的结论作为自己的结论，永远不要对自己根本没有研究的事下结论。"知之为知之，不知为不知，是知也。"

法律人，应该多一些理性思辨，少一些感性盲从！

2019 年 3 月 29 日

辩护词的构筑规范与技巧

——从张扣扣案的辩护说起

2018 年 12 月 11 日，备受关注的张扣扣故意杀人案由陕西省高级人民法院在汉中中院二审开庭审理，法庭当庭宣判："驳回上诉，维持原判。"此前的庭前会议上二审合议庭驳回了辩护律师提出对张扣扣进行司法精神病鉴定申请和请求由司法精神病鉴定专家作为专家辅助人二审出庭的申请。庭审结束后未见到辩护人公布二审辩护词，整体社会舆论也反映平静……

虽然辩护人未公开二审辩护词，但主要辩护观点和基本内容还是比较清楚的。二审主要从张扣扣是否患有精神病和汉中中院是否应该回避为突破口。一是庭前由辩护人先委托司法精神病鉴定机构进行鉴定，并以该鉴定意见为依据请求二审法院对张扣扣进行正式司法精神病鉴定。二是根据《刑事诉讼法》规定申请由辩护人委托鉴定的鉴定专家作为专家辅助人出庭参与庭审。

尽管没有看到二审辩护词，单从辩护方向和策略来看，辩护人的二审辩护还是正确、理性、实在的。虽然没有像一审那样"火热"一把，但是尽到了作为辩护律师的职责，没有遗憾。

陕西高院最终的裁定和判决结果既在预料之中，又在情理之外。这样的案子维持原判自然在预料之中，但是当庭宣判又有点在情理之外。因为按照我国的刑事审判惯例，如此重大的案件判决一般都会在庭审之后经过审判委员会研究才会判决，当庭判决有点出乎预料……

作为有近三十年刑事辩护经历的老律师，陕西高院的判决结果完全在预料之中，没有意外。而对于陕西高院来说，这个案件一旦委托进行司法精神病鉴定，鉴定结论是没有精神病，自然皆大欢喜；一旦出现无刑事责任能力或者限制刑事责任能力情形，结果都是无法承受的。既然法律把是否鉴定的决定权给了法院，同意或不同意鉴定都不会违法，不同意鉴定当然是最好选择。

通过对张扣扣案一审和二审辩护的关注，我想起了一位哲学家的名言，我们最熟悉的往往是最陌生的。中国已经有三十多万名律师，从事刑事辩护的律师应该也数以万计，撰写或者构筑辩护词原本是最基本的一项业务，然而现实却不尽如人意，不但很多年轻律师不具备这种能力，甚至很多执业多年的老律师乃至自诩为"大律师"者也并不具备。由此笔者想从张扣扣案的辩护出发，谈谈辩护词撰写或者构筑的基本原则和技巧。

一、虽无规定标准格式，但基本原则和架构约定俗成

张扣扣案一审辩护词引起社会广泛关注和争议特别是一些业内人士批评后，邓学平律师发了一篇文章《为生命辩护，需要怎样的辩护词？》，其主要意思是并没有任何法律、法规或者行业规范规定辩护词的标准格式，因此，辩护律师自然享有无限发挥空间，为生命辩护似乎应该有更大的自由空间，这个观点显然是不当的。

任何行业都有其内在规律和必须遵守的行业规范，规范和原则不一定都必须由法律或者政策明文规定，特别是行业规范与原则大多都是约定俗成的，甚至包括很多法律原则和规范并不需要法律规定。比如在英美法系国家，自愿原则、公平原则、诚实信用原则、等价有偿原则等，你在这些国家的法律里面是找不到的，但是在这些国家的所有法律人都一定明白、都会遵守、都奉为根本……美国律师的专业化分工非常清晰明确，美国律师碰到自己专业以外的业务都会主动推荐给该专业领域优秀律师去做，各个律师事务所的专业范围都非常清楚，从来都不会因为利益而互相越位。但是这一切都没有规定，美国律师协会从来都不去做这种规定。不论是为生命辩护还是为自由辩护，乃至为多个生命辩护，规则都是一样的，没有特殊性。

根据笔者多年从事刑事辩护的经验，认为辩护词的主要原则和规范应该包括以下一些方面。

（一）必须是无罪、轻罪或者应当从轻、减轻、免除刑事责任的证据和意见

应该说这是辩护词最简单、最基础的原则，对于任何一个从事刑事辩护的律师乃至不做刑事辩护的律师来说，这就像小学生学数学必须首先从认识阿拉伯数字开始一样简单，一切辩护活动都必须围绕这个目的进行。即便是

如此基础和简单的原则，实践中仍然会有很多律师明显违反或者跑题，主要有如下几种情况。

一是辩护请求模糊不清，虽然能感觉到其辩护请求的基本意思，但是其没有用明确的法律语言作出准确表述，这对于规范的辩护词来说是不允许的。张扣扣案一审辩护词就属于这种情形。虽然能感觉到辩护的意思就是想让法庭不判处死刑，但没有说出不判处死刑属于何种法律理由；从轻还是减轻；这种从轻或者减轻处罚的法律依据何在。整篇辩护词中没有法律如何说、司法解释如何说、刑事政策如何说，而是大谈弗洛伊德如何说、罗尔斯如何说、孔子如何说、黄永峰如何说、李德嘉如何说、本杰明如何说、《宋刑统》如何说、《明律》如何说，乃至大段引用黎巴嫩诗人纪伯伦（实际上是美国人）的诗歌如何说……

二是含糊不清。我们经常会在法庭上遇到这种情形，辩护律师云山雾罩地高谈阔论一大通，法官无论如何都搞不清其究竟想说啥，最后不得不提醒辩护人，要求辩护人明确表达辩护观点，应该说这种情形出现的概率还是非常多的。套用杜甫的一句诗最准确："两个黄鹂鸣翠柳，一行白鹭上青天"，不知所云，越说越远。

三是在无意识中完全走向反面，辩护结果背道而驰。辩护实践中，如果辩护人直接要求法庭对其被告人从重或者加重判决，这种情况绝不会发生。但是会有一些律师在无意识中作出了请求从重或者加重判决的辩护请求。通常有两种情形：一是作改变定性的辩护，要求法庭改变起诉书指控的罪名。但是没有想到其要求改变后的罪名比起诉书指控的罪名量刑还要重。二是为了渲染气氛将一种普通刑事类型的刑事犯罪表述为重大刑事犯罪，结果却适得其反。

（二）辩护请求必须有明确法律依据

辩护实践中最容易出现的一个错误就是只请求法庭作出有利于被告人的判决，但没有指出如此判决的法律依据何在。

请求法庭判决被告人无罪，就必须明确论证该无罪属于哪种情形。无罪有两种情形：一是指控的犯罪事实成立，只是依照实体法规定结合"罪刑法定原则"衡量该行为不构成犯罪；二是指控的事实如果成立肯定构成犯罪，但是指控该犯罪事实的证据不足，不能排除合理怀疑。两种情形的法律依据完全不同，一个是实体法，一个是程序法。

另外，还必须分清无罪与不追究刑事责任的区别，辩护实践中常常有一些辩护律师没有搞清楚区别，一律称之为无罪或不构成犯罪。不追究刑事责任不是无罪，是该行为依照法律规定不承担刑事责任。例如，正当防卫、超过追诉时效都属于不承担刑事责任，辩护观点不能表述为"无罪"或者"不构成犯罪"。

"从轻、减轻、免除刑事处罚"必须明确告诉法庭请求的实体法依据，是未成年人，从犯，立功，还是自首？有的实体法量刑情节只规定了从轻或者减轻，没有规定免除；有的只规定了从轻没有规定减轻。只有该情节实体法规定了从轻、减轻、免除刑事处罚的，才可以提出对应的请求。

辩护人提出的量刑情节可以是起诉书已经认定的，也可以是起诉书没有认定的，即便是起诉书没有认定而且辩护人提出的量刑情节最终法庭没有采纳，辩护人也可以大胆请求法庭采纳。对于起诉书已经认定的情节，公诉人认为从轻的，辩护人可以提出减轻或者免除处罚；即便是辩护人与公诉人同样都要求从轻或者减轻，辩护人也可以提出比公诉人建议幅度更大的从轻或者减轻。

从轻情节又分为法定从轻情节和酌定从轻情节两种，辩护人必须明确告诉法庭自己提出的从轻情节是法定情节还是酌定情节，不能笼统地统称从轻。减轻处罚只有法定而没有酌定，从重处罚也没有酌定情节，这个原则必须清楚，否则容易出笑话。减轻处罚一定要请求在法定最低刑以下，不能一方面请求减轻处罚，而另一方面提出的具体量刑额度却属于从轻处罚范畴，严重自相矛盾。

（三）辩护内容必须有明确的针对性

辩护词必须有明确的针对性，很多辩护律师没有特别注意这个问题。一审辩护词是针对起诉书的，二审辩护词是针对一审判决书和抗诉书的。一审辩护绝对不能抛开起诉书，二审辩护也绝对不能抛开一审判决和抗诉书。凡起诉书和一审判决、抗诉书没有认定的事实或者判决结果，辩护词就没有任何必要再去涉及。实践中经常出现这种情况，起诉意见书认定的事实和情节起诉书并没有认定，起诉书认定的事实和情节一审判决书没有认定。而辩护人仍然滔滔不绝地对那些没有认定的事实和情节进行辩护，使法官和其他诉讼参与人都感到云里雾里，同样闹出了笑话。这种错误是年轻律师容易犯的，也是老律师容易犯的，做的时间久了，反而容易把最基础的东西忘了。

为了明确树立辩护的针对性，辩护人必须认真仔细地阅读起诉书、抗诉书和一审判决书。有些辩护律师往往忽视这个问题，提出的辩护观点没有针对性。甚至完全抛开一审起诉书、抗诉书和一审判决书提出辩护意见。

（四）辩护论述要遵循基本逻辑顺序

辩护词所阐述的辩护观点要遵循基本的逻辑顺序，不能毫无章法，更不能让人感觉到杂乱无章。根据笔者多年实践，论述顺序应该遵循如下原则。

——作证据不足无罪辩护的，如果辩护人有相反证据可以证明被告人不构成犯罪的，先论述可以证明被告无罪的事实证据，然后论述控方指控证据链条断裂的事实和证据，最后再论述不能排除合理怀疑的合理怀疑情节。有多处证据链条断裂事实情节的，按照由大到小顺序论述；有多个合理怀疑不能排除的，按照由大到小、由重到轻顺序进行。

——作指控事实不构成犯罪辩护的，一般按照犯罪构成顺序论述；如果认定不构成犯罪既有法律规定，又有司法解释、准司法解释、刑事政策的，按照法律、司法解释、准司法解释、刑事政策的顺序论述。

——对事实、法律、罪名、量刑都有辩护意见的，应该先对指控的犯罪事实进行辩护，然后依次为适用法律、罪名、量刑；如对指控的多起犯罪事实均有意见的，论述顺序则按照起诉书指控认定的先后顺序，不要按犯罪事实的轻重打乱起诉书顺序。如只对量刑提出辩护意见的，应该遵循先法定量刑情节，后酌定量刑情节的顺序；如果同时具有多个法定或者酌定量刑情节的，按照由重到轻或由大到小的顺序论述。既有免除处罚情节，又有减轻和从轻处罚情节的，按照先免除处罚情节，后减轻处罚情节，最后从轻处罚情节的顺序；如果同时具有多个免除、减轻、从轻处罚情节的，仍然按照由重到轻或由大到小的顺序论述。

（五）书面辩护词最好庭前形成

书面辩护词究竟是否需要在庭审前就形成，法庭辩护时宣读写好的辩护词，还是庭前形成提纲，法庭辩护时最终形成辩护词？这是很多律师都纠结的一个问题，笔者认为：

第一，对于绝大多数律师来说，还是庭前就形成书面辩护词稳妥。对于庭前形成的书面辩护词在法庭辩论时候，最好不要照本宣科地宣读辩护词，而是将书面语言变成口头语言，现场发挥，辅助以肢体语言、表情语言。如果不具备这个能力，则只能照本宣科。

第二，如果辩护人确实辩护经验丰富、辩护技巧娴熟、逻辑思维能力很强、记忆力超群，也可以庭审前只列一个辩护提纲，法庭辩论时临场发挥。如此辩护的优势是新颖、吸引人，能够迅速将法庭调查时事实和证据发生的变化融入辩护词，从而达到完美。但是对辩护人的素质要求比较高，不可轻易攀比学习。

（六）要用规范的法言法语，不能用俗语乃至俚语

辩护词属法律文书，表述一定要尽可能地使用规范的法言法语，不能用大白话，更不能随意使用俗语甚至俚语，这也是很多律师最容易犯的错误。

辩护的主要工具是语言，因此辩护人平时要尽可能多花时间学习普通话，首先达到语言沟通的顺畅。其次最主要的是不论在法庭所表达的口头语言还是庭审后形成的书面辩护词，都必须使用规范的法言法语。很多辩护律师不但在法庭上使用方言辩护，而且全是大白话乃至引用了很多俚语，这都是不规范的。为了增强表达效果，在特定语言环境中有时候可以用一点俗语、土语，但这一定要有特殊语言环境为前提。

二、辩护词是说给谁听的？

辩护词是说给谁听的？这原本不是问题，但又确实是个问题。很多律师说不清、很多律师观点有争议。笔者认为：

首先肯定是说给法官听的，辩护的首要任务就是要说服法官，不能说服

法官，一切辩护几乎都失去价值和意义。既然是说服法官，就必须遵循法官的思维方式，遵循法官的习惯方式，遵循法官的客观现实状况。

一是法官非常忙，时间非常紧。因此辩护律师必须有删繁就简、化复杂为简单、清晰精练的语言表达能力。用最少的字数，最清晰的逻辑，最准确、形象、生动的语言将观点表达清楚。很多律师最容易犯的一个错误就是怕法官听不明白，因为怕法官听不明白，所以表达的时候刻意不断重复，有意加重语气，这个最容易引起法官反感。不要怕法官听不明白，只要你表达得明白，法官一定会听得明白；只有说不清楚的律师，没有听不明白的法官。

特别是进行二轮、三轮辩论的时候，必须在法庭上学会察言观色，如果庭审时间非常充足，法官情绪挺好，可以论述得详细一些、展开一些；如果庭审时间已经很晚，超过正常下班时间，法官急于结束庭审的时候，表达更要简练，要尽快进行语言压缩和高度文字精练。

对于绝大多数律师来说，都会提前写好书面辩护词，写好的书面辩护词有的可以读完，如果时间已经非常紧的时候，切忌仍然四平八稳地读事前写好的辩护词。

二是法官不喜欢律师在法庭上讲课。这几乎是中国法官共同的习惯，如果辩护人在法庭上滔滔不绝地大谈理论，即便讲得再好，多数法官也都不喜欢。因此，如果需要阐述理论问题，必须改变一下论述策略，不要教科书式地论述，而是要变换一种通俗和容易理解的方式说明。很多辩护律师最容易犯的毛病就是在法庭上像课堂上一样讲理论，引起法官的反感，导致其不但心理上产生对抗，甚至提醒、打断辩护人。

三是法官不喜欢说与该案没有直接关系的事。法官更不喜欢超出案件事实和法律煽情或者说仅仅和法律有一定关联性的事。张扣扣案一审辩护词的败笔就是远远超出了该案本来的辩护范畴，而谈起了诗和远方……平心而论，如此辩护是对法官忍耐性的极大考验，如果不是案件的特殊性，几乎不可能有法官能容忍如此辩护。

其次是说给公诉人和其他诉讼参与人听的。实际上，辩护词也不仅仅是说给法官听的，其实也是说给公诉人和其他诉讼参与人听的，特别是公诉人。司法改革后，随着主诉检察官独立性的增强，有很多案件争议问题，如果出庭公诉人能接受辩护人的辩护观点，就有可能控辩双方形成一致意见，收到非常好的辩护效果。

最后是说给被告人及家属和其他听众听的。辩护词除了说给法官、公诉人及其他诉讼参与人听，还有一个功能是说给被告人自己、被告人家属及参加庭审的其他听众听。

律师辩护成功与否，不可能所有案件都有客观评价标准。好与不好，最根本的评价者是被告人自己和其家属。在很多种情况下，判决结果虽然并不理想，但是当事人对辩护却非常满意；也有的时候，判决结果挺好，反而当事人不太满意。所以，刑事辩护也是一个不以成败论英雄的行业。对于委托人来说，辩护词就是一个产品。因此，辩护内容也不可避免地照顾被告人自己和亲属的需要，这也是一个策略。

至于听众席上的听众也是一个不容忽视的对象，案件结果虽然和这些人没有直接关系，但是与律师水平优劣却有关系。对律师最好的宣传是当事人和这些人的评价。这些听众就是一个宣传机器，可以给你带来好的声誉，也可以给你带来潜在客户。

三、必须具有基本价值观和社会责任感

刑事辩护从表面看是对指控犯罪事实和刑事处罚用法律标准进行评价，而从根本上是一种正义和价值观的评价。所谓犯罪行为首先必须是危害社会的行为。单纯的法律评价有时候显得比较苍白和单薄，如果将法律评价和法律标准背后的伦理、道德基础相结合，就会更加丰满和立体。因而，辩护观点的确立首先要符合基本价值观和伦理要求。如果辩护观点建立在一种错误乃至扭曲的价值观之上，这种辩护就是一种灾难。

如前所说，辩护词首先是说给法官听的，但也是说给所有诉讼参与人听的，更是说给旁听群众听的……辩护词内容必须认真仔细斟酌，理性严谨，切不可汪洋恣肆、任凭感情流淌，产生负面社会影响。必须考虑到所有听众的感受，尤其是受害人的感受。

不能因为被害人与被告及其家属之间的委托关系而走向偏执，完全站在被告人角度寻找哪怕是非常微弱的闪光点，不考虑社会责任而走向极端。有经验的律师一定会不时地让自己跳出辩护人思维，再站到公诉人和受害人角度，以公诉人和受害人思维从反面考虑问题，这样才不会走偏……

"张扣扣是个什么样的人呢？是那种大奸大恶的人吗？显然不是……可以说，张扣扣本质上并不是坏人。只是生活和命运让他有了不同于常人的选择。"

以极端残忍手段（一人24刀）故意杀害三条人命，然后纵火烧毁车辆。辩护人的评价结果竟然既不是大奸，也不是大恶，甚至都不是坏人！判断其不是"恶人"也不是"坏人"的标准竟然是不喝酒、不抽烟、不乱花钱、对人有礼貌、爱干净、生活节俭、不外面乱跑……这是一种多么扭曲和荒唐的价值观！生活习惯不良的人是"恶人""坏人"，而故意杀人的人不是"恶人""坏人"……

在庄严神圣法庭之上如此辩护的时候是否考虑了被害人家属的感受？是否考虑了广大听众的感受？是否考虑了社会对律师群体的感受？

再者，刑事辩护业务是所有律师业务中享有公权力较多的一项。辩护律师可以几乎不受限制地会见犯罪嫌疑人，可以查阅复制几乎所有案卷材料，可以了解案件所涉及的几乎所有秘密，这是其他律师业务不可比拟的。这同时就要求刑事辩护律师必须承担必要的保密义务，不能任意将案件涉及的所有内容毫无保留地公布。

对于那些暴力犯罪案件中的血腥场面，涉及个人隐私的事实情节，能不公开的还是不公开的好，如果需要公开，也应该对涉及过于血腥和隐私的情节进行技术隐蔽，这是刑事辩护律师最基本的社会责任感。要知道，法庭公开和舆论公开范围不一样，不能因为法庭是公开开庭审理，因此法庭上所有的东西都可以毫不掩饰地在网络和媒体公开。

四、法庭辩论必须有辩的内容，原则上不重复案件事实

其一，辩护词不但要有明确的针对性，而且必须有"辩"的内容，这也是最基本的要求。有很多律师的辩护词感觉只是一篇论文或者演讲稿而不是辩护词。在这种辩护词中你看不出是针对谁的，和谁在对抗，更看不出在法庭辩论阶段究竟双方有没有形成辩论，主要争论焦点是什么，双方有没有形成二轮、三轮答辩，辩论核心是什么。这样的辩护词单纯从表面看似乎没有明显毛病，但从专业角度看是不规范的。

辩护词必须有辩的内容，必须能看出来针对的起诉书、一审判决或者抗诉书的哪些事实和观点进行的辩护，必须能看出来法庭辩论阶段双方形成的

辩点，也能看出来是否进行了二轮或者多轮辩论……

事实上，考验一个刑事辩护律师真正辩论才能的不是看第一轮事前写好的辩护词，而是看第二轮、第三轮答辩。这种临场发挥的辩论才能显示出律师对法律和案件事实烂熟于心，才能显示出律师的临场应变能力，才能显示律师的辩才。然而在我国的刑事案件法庭上，这种情景已经很少见了。双方大多数都是一团和气，乃至变相的"推杯换盏"。缺乏唇枪舌剑……

其二，辩护实践中还经常出现一种情况，就是辩护人在法庭辩论阶段总是把法庭调查查明的案件事实或者自己认为的案件事实重新复述一遍甚至多遍，占用大量辩论时间，有经验的法官会提醒乃至制止。

案件事实是法庭调查阶段就已经解决的问题，通过法庭调查举证质证，基本案件事实已经清楚。凡是没有证据证明的事实或者证据不足的事实都不属于法庭可以认定的事实。因此，在法庭辩论阶段，原则上不再复述案件事实。如果辩护观点特别需要叙述一下事实，也只用最简练语言说明结果即可。

五、优秀的辩护关键在策略

刑事辩护是一项经验性活动。优秀辩护与普通辩护，优秀的刑事辩护大律师和普通刑事辩护律师之间的区别主要有三条，一是先天的感悟禀赋，二是实践经验，三是语言表达能力。实践经验非常重要，而经验的表现就是策略，不懂策略或者不会策略的律师是蹩脚的律师。

策略之一，找准突破口。

实施有效辩护的首要一条是必须找准突破口。如果突破口错误就意味着辩点错误，辩点错误结果自然南辕北辙，最终的受害人是被告人。因此，突破口和辩点一定要慎之又慎、细之又细。张扣扣案一审辩护将"复仇杀人"作为辩点是方向性错误，因为如此不但救不了被告人，恰恰是将其推向刀口。现代法治程序背景下，不论哪个国家的法律都没有将复仇杀人作为从轻减轻处罚的条件。所谓复仇杀人，就是有预谋的报复杀人，美国称之为一级谋杀。

我国法律体系中不论是法律、司法解释还是刑事政策，都没有规定"复仇杀人"属于可以从轻、减轻处罚的条件。

策略之二，辩护的价值是多元的。

任何一个刑事案件，律师辩论应当是多元的而不是唯一的价值。不能说被告人做无罪辩解律师辩护的结果就应该是无罪释放；被告人想获得缓刑判决律师的辩护结果就必须是缓刑……在纪委、监察委侦查的案件中，公诉机关乃至审判机关能够改变侦查结论的凤毛麟角，如此是否意味着没有必要委托律师辩护了？当然不是。这种案件中辩护人的首要任务不是为了推翻监察委的侦查结果，而是首先对被告人进行有效的心理疏导。成功的心理疏导虽然对最终判决结果没有影响，但是对于被告人后半生的生存却非常有意义。

另外，对于很多领导干部受贿案件，出庭接受审判时的态度、状态、衣着，其悔罪认罪有没有必要痛哭流涕？面对判决结果应该有什么样的状态？都是一种选择和结果。

对于死刑案件更是如此，不可能所有可能判处死刑的案件律师辩护后都可以判死缓。能够挽救生命的当然要竭尽全力去挽救生命，这是律师的天职；无法挽救的也要被告人理性地接受现实、面对死亡，最大限度地减轻其对死亡的恐惧和痛苦。

对于像张扣扣这种惊天大案理想的辩护结果并非只有不判处被告人死刑一个选项，即便最终不能实现，也还存在一个为被告人保留社会声誉的问题。换句话说，即便伏法，也能给社会公众留下一个可以理解，乃至惋惜的"体面"形象。

第一，辩护人可以教育被告不但认罪，而且要真诚悔罪。

第二，也完全可以事先与被告人沟通不上诉或者至少不要当庭理直气壮地上诉，这才是真诚悔罪的具体表现。试想，如果被告当庭真诚悔罪，表示服判不上诉，被告人不论最终能否不判处死刑，其获得的社会效果与现在一定会不一样。

策略之三，不搞大水漫灌。

对于起诉书、一审判决书、抗诉书的错误和瑕疵，辩护一定要有重点，有效的辩护有时候"宁可断其一指，不必伤其十指"。很多律师总感觉没有底气，不论大小问题，完全采取大水漫灌式的全盘否定。完全不讲策略，完全没有章法，完全不考虑重点……结果冲淡了主要问题，事倍功半，事与愿违。

诉讼是一项考验智慧的博弈，诉讼高手一定会讲究策略，一定会考虑重点，一定要有章法。既要有对抗，也要有合作；既要有正面冲击，也要有顺势而为的借力打力；既要有突破，也要有舍弃……

六、不能以自己拟制的判决结果作为辩护依据，观点不能自相矛盾

其一，古人云："君子爱财取之有道。"在同一个案件中不能思维方式和价值取向反差巨大，我们不能单方面指责公诉人采取两种思维、两个标准，同一个案件中认定事实和适用法律自相矛盾。而我们自己出于和当事人的特殊委托关系而比公诉人还矛盾。

其二，辩护观点不能完全建立在自己拟制的判决结果基础上，这是很多律师最容易犯的一个错误。对于相关联的另外一个案件事实认定或者法律定性乃至可能的判决结果是，辩护人必须站在公正立场上进行评价后作为自己的辩护依据，而不是完全站在被告人角度、委托人的立场自己拟制一个判决结果，然后言之凿凿地作为自己的辩护观点或者基础。

对于一个已经判决生效的案件，定性错误也好，枉法裁判也好，程序违法也好，量刑畸轻也罢，不能自己随意拟制法律前提。表达一定要客观，不能把辩护观点建立在自己拟制的法律事实之上，这样的辩护是没有价值的。

以上是笔者从张扣扣案一、二审辩护出发，结合近三十年刑事辩护经验所归纳总结的关于构筑辩护词的规则和技巧，只是一家之言，只求抛砖引玉，供广大律师同人共同探讨。

2019 年 5 月 15 日

刑事责任年龄认定的几个关键问题

导语： 刑事责任年龄问题是刑事辩护的一个非常重要方面。根据刑法规定，不论是在构成犯罪还是承担刑事责任的大小，乃至强制措施的选择诸方面，犯罪主体的责任年龄都具有至关重要的作用。有经验的辩护律师都会特别注重被告人的责任年龄问题，作为一个重要辩护突破口，往往会事半功倍。现就笔者在近三十年刑事辩护过程中所积累的一些涉及刑事责任年龄方面的经验，归纳成文，供同行参考借鉴。

刑事辩护业务中，认定刑事责任年龄是经常遇到的一个问题。也是司法实践中最容易出现争议和误差的一个问题，更是非常重要的一项辩护手段，或者说是一种最有力、最有效的辩护手段。

就如笔者成功辩护的马少军运输毒品一案，就是因为马少军达不到运输毒品罪的刑事责任年龄而被最终无罪释放；再如胡进东抢劫、杀人案件，也正是因为胡进东最终经过律师调查取证，证明其属于未成年人，法庭采纳辩护人意见，认定其属于未成年人才免于一死。

还有司法实践中大量的未成年人，正是因为他们属于相对刑事责任年龄人，才被从轻、减轻处罚，才有可能在法定最低刑以下判决，才有可能判处缓刑，释放出狱，有的可以继续回到学校。否则，不能突破法定最低界限，就没有办法在法定最低刑下处刑。刑期就没有办法达到与行为能力及社会效应相适应的水平。

更有甚者，诸如笔者曾办理过的丁××共同故意杀人一案。因为她不满十四周岁，在两年内先后两次伙同和指示他人故意杀人两次，致两人死亡。第一次因不满十四周岁没有追究刑事责任，第二次也因还不满十四周岁没有办法追究刑事责任。但是考虑到其给社会带来的危害和恐怖非常之大，已经不敢将其任意放置于社会，决定劳动教养三年。

而且这个案件还有一个典型意义在于，她两次指示并亲自参加故意杀人后，自己虽不承担刑事责任，而受她指挥的同案因达到承担杀人罪的刑事责任年龄均被判处无期徒刑。更有意义的是，她在第二次杀人后当晚又和没有参与杀人行为的男友同居，导致该男友当晚一同被抓获，并最终以强奸罪被判处有期徒刑七年。可以说，如果她没有杀人案件，当晚不被共同抓获，她与男友的性行为也许永远都不会上升到承担刑事责任的层次，因为她已经多次与多个未成年人甚至成年人同居……

这一切都是因为她的刑事责任年龄……

为未成年人辩护，不论该被告人犯下多么深重的罪行，都必须责无旁贷地维护他们的合法权益，包括不遗余力地证明他们不具有刑事责任能力或证明他们属于限制刑事责任年龄；同样，作为因未成年人犯罪行为而受害的受害人代理人，则要特别做好受害人家属的思想工作，尽可能地化解他们心中的不平和怨恨。这类案件受害人的怨恨最大，而且这类案件在处理时往往也最难画上完整的句号。被告得不到受害人期待的惩罚，受害人又往往也得不到应有的甚至是最起码的民事赔偿，因为被告人的监护人知道自己不会面临严重的刑事处罚，所以不会积极赔偿。由于当事人大都比较相信或者信任自己聘请的律师，所以，只有代理律师才最有条件劝解受害人，化解社会矛盾。

以上是律师作为未成年人和无刑事责任年龄人的辩护人或者代理人在案件处理时应当注意的问题。下面就认定刑事责任年龄应当注意的几个问题再作简要说明。

一、关于"身份证"与"户口簿"的证明效力问题

司法实践中，经常出现身份证所载明的年龄与户口簿不同，甚至可能两者所载明的年龄恰恰是承担刑事责任与不承担刑事责任，成年人和未成年人的分水岭。如胡进东故意杀人、抢劫一案，对于被告胡进东来说，由于案件的性质极为恶劣，犯罪手段极其残忍，社会影响非常之大。就案件本身来说，没有从轻判处的可能性，没有生存的希望，只有属于"未成年人"才有可能"活下来"的机会。因而，唯一的希望就是证明其属于未成年人。而这个案件就恰恰出现了身份证和户口簿的登记信息完全相反。按照身份证认定，是未成

年人；按照户口簿认定是成年人。

在这个问题上司法机关出现了两种观点：一种认为身份证是国家法定的身份证明，身份证当然对外具有最高的证明效力，应当以身份证为准；而另一种认为，户口簿才是证明法定年龄的最有效证据，是认定刑事责任年龄的法定证据，应当以户口簿为主。该案公安机关和检察机关均按户口簿登记的信息认定胡进东为成年人。

笔者认为，单纯地比较身份证和户口簿的证明效力是不科学的。它们之间的效力高低在不同的场合可能会产生不同结果。在有的场合必须要身份证而不要户口簿，而在有的场合则反而要户口簿不要身份证。

在刑事案件中认定刑事责任年龄一般都是以户口簿底册为主，因为这两种证据对于一个人来说产生的时间不一样。按照我们国家规定的制度程序，是先有户口簿，后有身份证，身份证的信息基本来源于户口簿，如果出现身份证和户口簿登记的信息严重矛盾的情况，那就说明户籍登记确实出现了较大的误差，这个时候如果单纯认定哪个效力更高都会走向片面。必须将所有能够证明实际出生时间的证据进行综合分析，判断究竟哪个更准确，才会得出正确的结论。所以，出现身份证与户口簿的登记信息严重矛盾的时候，切忌陷入单纯的效力争论中而忽视了全面、综合的分析。

二、关于出生证明与接生婆证言问题

目前，我国尚不能实现所有的新生儿均到医院生产的条件。而现在发生的案件，嫌疑人大都是十几年前出生的，那时在医院生产的就很少了。

一般情况下，凡是在医院生产的新生儿，都会有医院的住院记录和病案记录，并且出院时都会发出生证。出现问题后，查看出生证和查阅医院的住院病案是很重要的一个确认手段。所以，凡是在医院生产的人，只要出生证和住院病案登记信息一致，并且排除伪造、变造可能性后，就可以按照出生证和住院病案登记的信息认定。即便是出生证丢失，单凭住院病案记录，也同样可以认定，因为这毕竟是最原始的记录。

然而，以出生证或者医院病案登记认定刑事责任年龄，最关键的是要排除伪造和变造的可能性。具体办法一是必须看到原件，绝不能仅凭复印件认定；二是对有改动的地方或者有涂改痕迹的证明进行认真审查，有必要时就进行科学技术鉴定。当然，一般情况下，按照出生证和医院病案记载认定年龄问题一般不大。

但是在广大农村，甚至在小城镇新生儿大多是由接生婆接生，只有一小部分到医院由产科医生接生。这种情况下，大多没有出生证，也没有病案记载，出现了问题后又大多都是采取找接生婆出具证言，或者找同村和嫌疑人同时生产的产妇出具证言的办法。

接生婆也好，同时生产的产妇也罢，她们的证言都属于言词证据。言词证据可变性强，稳定性差，准确性也差。尤其是接生婆和产妇的证言，所要证明的都是十几年前的事情，单从时间上就已经远远超过了人正常的生理记忆允许的准确范畴。再加上各种人为因素，这种证据的可靠性非常差。所以，绝不可以单纯依靠这种证据进行刑事责任年龄认定，这种证据只有和其他证据结合起来，相互印证才可以作为定案的依据，或者说，这种证据只能作为其他证据的辅助性证据。

在司法实践中，采信和使用这类言词证据还应当注意以下问题。

其一，证人必须出庭接受质证。

对于嫌疑人的年龄出现争议，往往提出异议的都是嫌疑人家属，程序上大都是由辩护律师提出。对于证人来说，大都是嫌疑人家属直接请求他们作证。嫌疑人家属与证人之间往往都是亲属关系或者即便不是亲属也是关系较好的朋友、乡邻。这些言词证据如果不按照《刑事诉讼法》的规定出庭接受质证，真实性就难以保障，就有可能出现虚假证言，甚至故意作伪证。作为调查人的暗箱操作也就难免。所以，对于这类证言必须要求出庭接受质证。

其二，应当有对比的参照证据。

由于时间很长，而人的正常记忆力又不可能把十几年甚至几十年前的事情记得清清楚楚。所以，如果出现这类言词证据，必须要求证人说明为什么自己能够将这么长时间前的事情记得这么清楚。能够促使证人记清楚的唯一理由就是有参照证据，否则就一定是虚假的。例如，当时正好是什么节日，是谁的生日，国家发生过重大事件等。或者也有自己当时曾经做过什么文字记载，等等。总之，必须要找到一个客观事件的参照证据，否则，法官是不会相信的。

三、预防接种卡等证据的证明效力问题

人是社会性的动物，随着社会的不断进步，文明的不断发展，人在社会生存所留下的各种痕迹就会越来越多。比如，现在出生的新生儿，从出生的第一天起，几乎不断照相、录像，现代的数码设备一般都显示拍摄时间，如果有这些证据证明的话，显然都是非常直接的。从证据种类上说，就是直接证据而非间接证据；就是原始证据而非传来证据。当然，这些证据不可能准确到几天或者几个月，同样有一定的缺陷。

证明嫌疑人的准确出生时间，能够时间比较准确的还有一些诸如像预防接种卡、注射疫苗的记录卡之类的证据。随着国家整体医疗卫生水平和预防免疫水平的提高，伴随人类成长的这些东西就会更多。

特别需要说明的是，运用这类证据一定要注意真实性，除了要验证书证的原始性外，特别要注意将家属手中持有的卡片或者记录本与乡村医疗机构、街道医疗机构的底册进行对比，如果完全吻合，就没有问题，可以使用；如果有差距，就不能勉强使用，而是要查清出现差错的原因。

总之，预防接种卡之类的证据，证明效力当然要比接生婆之类的证言效力高得多，但也不是绝对可以放心的，最好能够和其他证据结合起来使用。特别要用这些证据来否定身份证或者户口簿的登记信息，就要更加慎重。

四、关于骨龄鉴定问题

在刑事诉讼中，骨龄鉴定也是证明嫌疑人责任年龄的一项证据。但对于骨龄鉴定能否作为刑事诉讼中认定责任年龄的依据有不同看法。

一种观点认为，骨龄鉴定结论不能在刑事诉讼中作为认定被告人年龄的依据，理由是：《刑法》第17条规定了刑事责任年龄所指的"已满"或者"不满"多少周岁的区间。周岁应以出生之日起按公历的年、月、日计算，必须精确到以天为计算单位，因此生活年龄才是刑事责任年龄的直接依据。而骨龄鉴定虽然具有一定的科学性，但它的评价对象是人的生理成熟程度，是生物年龄而不是生活年龄。

受自然环境、生活条件、遗传等因素的影响，人的生物年龄与生活年龄并不能完全等同。以骨龄鉴定结论作为认定被告人责任年龄的依据，难免会

与被告人的实际生活年龄产生差异，将可能导致被告人犯罪时未成年未能获得本应得到从轻、减轻的处罚，或被告人犯罪时已经成年却错误地认定其未成年而给予从轻、减轻处罚的情况出现，影响司法公正。

另一种观点认为，骨龄鉴定是以人的骨骼为对象，利用仪器测算出人的年龄，具有相当高的科学性，在无其他证据认定被告人年龄的情况下，应该以骨龄鉴定结论作为认定被告人年龄的依据。

对此，2000 年 2 月，最高人民检察院在发布的《最高人民检察院关于"骨龄鉴定"能否作为确定刑事责任年龄证据使用的批复》中规定："犯罪嫌疑人不讲真实姓名、住址，年龄不明的，可以委托进行骨龄鉴定或其他科学鉴定，经审查，鉴定结论能够准确确定犯罪嫌疑人实施犯罪行为时的年龄的，可以作为判断犯罪嫌疑人年龄的证据使用。如果鉴定结论不能准确确定犯罪嫌疑人实施犯罪行为时的年龄，而且鉴定结论又表明犯罪嫌疑人年龄在刑法规定的应负刑事责任年龄上下的，应当依法慎重处理。"

骨龄，通俗地讲就是骨骼年龄，是骨骼发育进程的年龄描述，它代表了特定正常人体骨骼发育的一般状态。由于人的骨骼发育与人的生理成熟程度密切相关，所以骨龄可以反映人体发育的生理成熟程度，是评价人体生理成熟程度的一项重要指标。

但是，人的生长发育受遗传因素影响，不同的人发育规律不尽一致。同时，每个人的营养水平、饮食习惯、气候环境等多种因素又导致了不同的人在同一年龄阶段的骨骼发育状况可能也不完全相同。特别是后天服用的药物历史和品种的不同，就会导致骨龄在同等条件下出现非常大的区别。因此，骨龄与实际年龄也会产生一定的误差。所以，各鉴定机构一般也都比较注意这个问题，在进行骨骼鉴定时一般都考虑到误差因素，得出的结论往往都注明了误差的范围而非固定的绝对值。

因此，骨龄鉴定作为众多鉴定的一种，只要是依法具有鉴定资格的主体，依照规定程序，进行相应的检验、鉴别、判断后得出的结论，应当属于《刑事诉讼法》第 50 条所规定的八种证据之一的鉴定结论，具有证明能力，可以进入刑事诉讼。但对于证明力的判断，应进行严格审查和限定。

一是必须结合被告人供述等其他证据进行判断。骨龄鉴定虽然具有一定的科学性，但也不能完全依赖骨龄鉴定结论。通常情况下，运用骨龄鉴定结论确定被告人的年龄时，应参考被告人的供述、被告人父母以及亲友的陈述等证据，如有矛盾之处，还应当尽可能地调取前面所论及的出生证明、预防接种卡等证据综合参考判断。

二是注意鉴定取样时间与犯罪实施时间的差异。骨龄鉴定一般都是在被告人被抓获后、审查起诉阶段或法庭审查过程中，但无论在哪个时间进行鉴定，得出的结论都是被告人被鉴定时的骨龄，与被告人实施犯罪行为时的骨龄有时间上的间隔，因此，应根据鉴定结论推断被告人实施犯罪时的年龄。

三是要考虑鉴定的技术误差因素、药物服用因素。如果结论证实被告人的年龄上限接近十八周岁，而被告人供述犯罪时未成年，以及鉴定结论跨越十八周岁的，应按照有利于被告人的原则认定。特别是有过激素服用历史的人，应当更加慎重。

以上是笔者从参加刑事辩护的经历出发，对司法实践中认定刑事责任年龄应当注意的几个问题进行的总结和归纳，请同人指教。

2012 年 3 月 18 日

如何把握"国家工作人员"
主体的认定标准

导语： 职务犯罪案件几个主要罪名的犯罪主体均为特殊主体，即必须是"国家工作人员"。随着政治和经济体制改革的不断变化，导致"国家工作人员"这一特殊犯罪主体的法律标准一直处于不断变化中。这也成为困扰从事该类案件的司法人员及辩护律师的难解之题。笔者根据多年参与该类犯罪的辩护经验，作出如下归纳、总结、解读，共同探讨。

在职务类犯罪案件中，"国家工作人员"这一犯罪主体应该是立法中变化最多的，也是司法实践中最容易出现争议和偏差的。由于法律规定变化之快，导致在很多案件的审理中犯罪主体本已不属于国家工作人员，但是司法机关仍然认定为国家工作人员追究刑事责任；有的案件中犯罪主体确属国家工作人员，但司法机关却反而没有认定为国家工作人员，最终导致适用法律错误而错判。这种犯罪主体认定标准的变化，在给辩护律师辩护带来不便的同时也带来了很大的空间。因此，所有可能办理职务类犯罪辩护的律师，都必须熟练掌握国家法律在不同时期的标准变化，尤其是变化原因。

现就自己参加辩护的一些比较成功的职务类犯罪案件，就我国《刑法》及相关司法解释中关于国家工作人员主体的变化归纳总结如下。

一、第一阶段

1980 年《刑法》施行，当时我国刚开始改革开放，整个国家的经济主体基本上都是国有企业，民营经济的成分非常少。国家经济基础还非常薄弱，改革的方向就是需要逐步引入非公有制经济成分。那时，非公有制经济还是新生事物，所占的比例还非常小。为了加大对国有资产和国有经济的保护力度，国家需要从上层建筑层面对国有资产在立法上进行特殊保护。反映到《刑法》立法上，就是对国家工作人员的界定采取放宽策略，认定国家工作人员非常容易。

另外，由于1980年《刑法》还没有规定侵占罪和职务侵占罪，所以，当时国家工作人员的范围相当宽泛。按照1980年《刑法》第83条规定："本法所说的国家工作人员是指一切国家机关、企业、事业单位和其他依照法律从事公务的人员。"可以说，几乎涵盖了所有按照当时的法律从事公务的人员，也涵盖了几乎所有的经济实体，更涵盖了几乎所有的公共财产。

应当说，1980年《刑法》对于国家工作人员的认定，主要还是以身份为判断标准，而区别身份的主要标准则是"从事公务"。也就是说，1980年《刑法》的国家工作人员实际上就是一个标准而已，那就是"从事公务"。只要是"从事公务"活动的人几乎都是国家工作人员。

按照这个标准执行了将近十年时间，处理了大批被认定为国家工作人员的职务犯罪案件。有力地维护了国有财产的安全，也有力维护了公务人员的职务廉洁性。但随着改革开放步伐的逐步加快，特别是农村乡镇企业异军突起，集体经济显著扩张，虽然私有经济还没有从根本上改变和打破国有企业一统天下的局面，但是集体经济倒是实实在在地与国有经济大有分庭抗礼趋势，公共财产的构成也逐步呈现出多元化局势。

二、第二阶段

一直到1988年，"有计划的商品经济"已经成为国家经济体制改革的目标。为了适应经济体制改革的需要，适应国家经济结构的改变，全国人大常委会颁布了《全国人民代表大会常务委员会关于惩治贪污罪贿赂罪的补充规定》（以下简称《补充规定》）。

《补充规定》对1980年《刑法》规定的国家工作人员实际上是进行了扩大的解释。国家工作人员主体在原来的基础上又增加了：集体经济组织工作人员和其他经手管理公共财物的人员；同时规定了对于非国家工作人员与国家工作人员内外勾结进行贪污的，按共同犯罪处理，这是1980年《刑法》没有规定过的。

从《补充规定》的立法意图来看，认定国家工作人员的标准显然发生了变化。也就是，由原来的以身份为主要标准转变为主要按财产对象的性质来认定。也就是按所贪污、挪用的财产是否为"公共财物"来认定。可以说，按照《补充规定》，只要侵占了"公共财物"，几乎都可能被认定为国家工作人员或者共犯性质的国家工作人员。

当然，《补充规定》对国家工作人员范围的扩大本身没有涉及原来主体的本质变化，而是主要涉及新型公共型经济组织的产生和新型公共型财产的产生。从1988年到1995年，按照《补充规定》所确立的新主体标准，执行了约八年时间。

三、第三阶段

1990年后，随着邓小平同志南方谈话的发表，建设社会主义市场经济体制已经成为经济体制改革的更高目标。在意识形态领域里关于"姓社"还是"姓资"的问题已经不再是约束手脚的"紧箍咒"。大量的私营经济组织几乎要与国有经济组织、集体经济组织分庭抗礼。私营经济占国民生产总值的比例大幅度上升。相反，大量的集体经济组织由于产权不清，导致经营水平下降，尽管设立时间并不长，但是同样需要进行改制，特别是需要明晰产权。因而，集体经济组织开始出现了下滑局势，对政策和法律又提出了新要求。

1993年12月29日，随着我国第一部《公司法》的公布，大量国有企业和集体企业相继改制为有限责任公司。同时，非公有制经济占比大大增加。出现如此大量的非公有制经济组织的情况下，由于它们的财产属性已经不是国有，有的甚至也根本不属公共财产，如果继续采取保护国有财产的刑罚手段对这些财产进行保护，势必影响和制约私营经济的发展，形成公权力对私权利的侵占，从刑事法律的立法上也极不科学。为此，全国人大常委会及时颁布通过了《全国人民代表大会常务委员会关于惩治违反公司法的犯罪的决定》（以下简称《关于惩治违反公司法的犯罪的决定》）。

《关于惩治违反公司法的犯罪的决定》增设了职务侵占罪和挪用资金罪两个新罪名，也就是将企业中的贪污与挪用行为另行设立了两个新罪名。对国有企业中的国家工作人员范围相应地进行了缩小，把企业中原来的一大部分国家工作人员转移出去，变成挪用资金罪和职务侵占罪的主体。这样一来，只有在国有企业中享有管理职能，同时具有干部身份的人，才构成国家工作人员主体。和原来相比，国家工作人员的范围大大缩小了。

从立法精神上看，《关于惩治违反公司法的犯罪的决定》对国家工作人员的判断标准明显又出现了新的变化，又从财产属性变回了1980年《刑法》的身份属性了。

四、第四阶段

1. 从1995年开始，按照《关于惩治违反公司法的犯罪的决定》所界定的国家工作人员范围仅仅执行了不到三年就被1997年修订后的《刑法》所替代。这次变化应当是使用和执行时间最短的一次。因为按照《关于惩治违反公司法的犯罪的决定》，在大量的国有企业中，尽管企业的财产中国有和公共部分占有非常大的比例，但是构成国家工作人员主体的数量却非常少。因为大量非法侵占国有财产的犯罪行为都按照职务侵占罪和挪用公款罪处理。这明显对国家保障公有制主体地位，保障国有财产安全不利。

因此，修订《刑法》时，国家工作人员的范围再次从理论上被扩大。1997年3月，第八届全国人民代表大会第五次会议对《刑法》进行了大面积的修订，国家工作人员的范围同时被修订扩大。按照修订后的《刑法》第93条规定，国家工作人员的范围为：国家机关中从事公务的人员；国有公司、企业、事业单位、人民团体中从事公务的人员；国家机关、国有公司、企业、事业单位委派到非国有公司、企业、事业单位、社会团体从事公务的人员；以及其他依照法律从事公务的人员共四种。

从立法来说，新《刑法》相比《关于惩治违反公司法的犯罪的决定》，国家工作人员的范围明显扩大。主要表现如下。

一是国有公司、企业中的国家工作人员范围明显扩大了。原来是两个条件，也就是在国有企业、公司中具有管理职能和同时具有干部身份两个条件。改变后则变成了单纯的"从事公务的人员"。这样一来，可以说对原来限定的两个条件基本突破了，因而范围也就大大增加了。

二是对国家工作人员的判断标准又从原来的以身份为主变成以"从事公务"为主了。

虽然从理论上范围扩大了，但是从总量来看，实际上案件增加的数量并不大。因为，经过深化经济体制改革，逐步进行的产权制度改革，大多数国有企业已经被掺入了非公有制经济成分，民间资本也大量进入国有企业。社会经济结构中完全没有非公有制经济成分的纯国有企业数量已经非常少了。所以，真正构成国家工作人员主体的量也就自然减少了。

2. 特别是 2001 年最高人民法院在给重庆市高级人民法院的法释〔2001〕17 号《最高人民法院关于在国有资本控股、参股的股份有限公司中从事管理工作的人员利用职务便利非法占有本公司财物如何定罪问题的批复》中明确规定，"在国有资本控股、参股的股份有限公司中从事管理的工作人员，除受国家机关、国有公司、企业、事业单位委派从事公务的以外，不属于国家工作人员"。严格将国家工作人员限定在纯国有企业中。纯国有企业以外的国有资本控股、参股的股份有限公司中从事管理的工作人员，排除受国家机关、国有公司、企业、事业单位委派从事公务以外的人员，均不属于国家工作人员。

值得注意的是，上述答复对于受国家机关、国有公司、企业、事业单位委派人员只规定了"股份有限公司"，未包含"有限责任公司"。按照罪刑法定原则，国有资本控股、参股的有限责任公司中从事管理的人员，如果按照上述规定受委派从事公务则不属于国家工作人员。但是，也有另外一种观点认为，该答复是给重庆市高级人民法院的答复，因为重庆高院的请示内容就是股份有限公司，因此该答复只能答复为股份有限公司，有限责任公司应该也与股份有限公司一样对待。

笔者认为，最高人民法院在答复的时候当然明白该答复具有法律性质，涉及适用主体问题肯定已经考虑到此问题，如果同时包括有限责任公司必须作出特别说明。按照罪刑法定原则，既然只规定为股份有限公司，就不应该任意扩大到有限责任公司。

3. 2003 年 11 月 13 日，最高人民法院以法发〔2003〕167 号文件发布《关于印发〈全国法院审理经济犯罪案件工作座谈会纪要〉的通知》，系统地对《刑法》第 93 条第 2 款规定的属于国家工作人员的四种情形予以解释：

"（一）国家机关工作人员的认定

刑法中所称的国家机关工作人员，是指在国家机关中从事公务的人员，包括在各级国家权力机关、行政机关、司法机关和军事机关中从事公务的人员。

根据有关立法解释的规定，在依照法律、法规规定行使国家行政管理职权的组织中从事公务的人员，或者在受国家机关委托代表国家行使职权的组织中从事公务的人员，或者虽未列入国家机关人员编制但在国家机关中从事公务的人员，视为国家机关工作人员。在乡（镇）以上中国共产党机关、人民政协机关中从事公务的人员，司法实践中也应当视为国家机关工作人员。

（二）国家机关、国有公司、企业、事业单位委派到非国有公司、企业、事业单位、社会团体从事公务的人员的认定

所谓委派，即委任、派遣，其形式多种多样，如任命、指派、提名、批准等。不论被委派的人身份如何，只要是接受国家机关、国有公司、企业、事业单位委派，代表国家机关、国有公司、企业、事业单位在非国有公司、企业、事业单位、社会团体中从事组织、领导、监督、管理等工作，都可以认定为国家机关、国有公司、企业、事业单位委派到非国有公司、企业、事业单位、社会团体从事公务的人员。如国家机关、国有公司、企业、事业单位委派在国有控股或者参股的股份有限公司从事组织、领导、监督、管理等工作的人员，应当以国家工作人员论。国有公司、企业改制为股份有限公司后，原国有公司、企业的工作人员和股份有限公司新任命的人员中，除代表国有投资主体行使监督、管理职权的人外，不以国家工作人员论。

（三）'其他依照法律从事公务的人员'的认定

刑法第九十三条第二款规定的'其他依照法律从事公务的人员'应当具有两个特征：一是在特定条件下行使国家管理职能；二是依照法律规定从事公务。具体包括：（1）依法履行职责的各级人民代表大会代表；（2）依法履行审判职责的人民陪审员；（3）协助乡镇人民政府、街道办事处从事行政管理工作的村民委员会、居民委员会等农村和城市基层组织人员；（4）其他由法律授权从事公务的人员。

（四）关于'从事公务'的理解

从事公务，是指代表国家机关、国有公司、企业、事业单位、人民团体等履行组织、领导、监督、管理等职责。公务主要表现为与职权相联系的公共事务以及监督、管理国有财产的职务活动。如国家机关工作人员依法履行职责，国有公司的董事、经理、监事、会计、出纳人员等管理、监督国有财产等活动，属于从事公务。那些不具备职权内容的劳务活动、技术服务工作，

如售货员、售票员等所从事的工作，一般不认为是公务。"

2010 年 11 月 26 日，"两高"发布《最高人民法院、最高人民检察院关于办理国家出资企业中职务犯罪案件具体应用法律若干问题的意见》（法发〔2010〕49 号），第 6 条对国家出资企业中国家工作人员的认定再次予以界定：

"经国家机关、国有公司、企业、事业单位提名、推荐、任命、批准等，在国有控股、参股公司及其分支机构中从事公务的人员，应当认定为国家工作人员。具体的任命机构和程序，不影响国家工作人员的认定。

经国家出资企业中负有管理、监督国有资产职责的组织批准或者研究决定，代表其在国有控股、参股公司及其分支机构中从事组织、领导、监督、经营、管理工作的人员，应当认定为国家工作人员。

国家出资企业中的国家工作人员，在国家出资企业中持有个人股份或者同时接受非国有股东委托的，不影响其国家工作人员身份的认定。"

上述规定是关于国家工作人员认定的最后一个司法解释规定，按照该解释规定，受委派到非国有企业从事公务的人员，不仅仅是"股份有限公司"，而是所有公司。该规定一直执行到现在，再没有发布新规定。

五、关于特殊主体

1997 年《刑法》生效后，至今已经近二十年时间，《刑法》的修改一直没有停。到 2014 年为止，《刑法修正案》已经颁布了 12 个，还有全国人大常委会的立法解释。涉及国家工作人员主体认定也是不断变化。

特别是 2000 年 4 月 29 日，第九届全国人大常委会第十五次会议对《刑法》第 93 条第 2 款进行立法解释。将村民委员会等基层组织工作人员协助人民政府从事救灾、抢险等工作的一律视为"其他依照法律从事公务的人员"按国家工作人员处理。

随后，最高人民检察院于 2000 年 6 月 5 日、6 月 29 日分别发布高检发研字〔2000〕12 号关于贯彻执行《全国人民代表大会常务委员会关于〈中华人民共和国刑法〉第九十三条第二款的解释》的通知、高检发研字〔2000〕15 号关于《全国人民代表大会常务委员会关于〈中华人民共和国刑法〉第九十三条第二款的解释》的时间效力的批复，对如何贯彻执行立法解释进行规定和规范。

最高人民检察院又先后于 2000 年 4 月 30 日发布了高检发法字〔2000〕7 号批复，将证监会干部纳入国家工作人员范畴；2000 年 5 月 4 日发布了高检发研字〔2000〕9 号批复，将部分镇财政所中的工作人员纳入国家工作人员范畴；2000 年 10 月 9 日发布高检发研字〔2000〕20 号批复，将依法执行公务期间的合同制民警纳入国家工作人员范畴。

从上述回顾来看，我国《刑法》关于"国家工作人员"的标准一直都处于变动状态，而且变化幅度很大，变化的方向也很不稳定。所以，对于广大司法工作者，特别是刑事辩护律师来说，必须从根本上掌握国家法律变化的新标准和产生新标准的社会原因以及法律变化的理论基础。只有这样，才能使我们处理的每一个案件都经得起历史的考验，使每个被告的人身权利都得到确实保障。

2014 年 12 月 20 日

贿赂案件辩护的有效途径

导语：贿赂犯罪案件应该是近几年最受关注的案件类型，随着贪污腐败案件的增多，涉及领导干部职务犯罪的案件几乎都是贿赂案件。

由于每个律师参与贿赂案件辩护的参与渠道不同，业务能力也良莠不齐，专业水平更是差距很大，导致社会对律师的评价各不相同，甚至出现了一些律师的辩护水平饱受诟病的情况。究其原因，无非是这些律师整体辩护水平差或对贿赂案件的专业辩护水平差，特别是对贿赂案件的一些个性特征不太了解。因此有必要对涉及贿赂案件辩护中的一些需要注意的个性问题，贿赂案件都有哪些有效的辩护途径等问题进行归纳说明，也为从事职务犯罪案件辩护的律师提供一些经验和捷径。

贿赂犯罪是职务犯罪中最常见的犯罪形态，也是最敏感、最重要的犯罪形态。党的十八大后，随着反腐力度的加大，各个级别的落马官员层出不穷，绝大多数都涉及贿赂犯罪。而且每个受贿案件的背后又必然牵扯出一大堆行贿案件，给刑事辩护律师带来了大量业务。但是，由于贿赂案件在我们国家不论程序还是实体都有其特殊性，也给担任辩护的律师带来了挑战。笔者通过自己参与辩护的几个贿赂犯罪案件，对贿赂案件辩护中需要律师特别注意的一些共性问题、贿赂案件辩护有哪些有效途径进行归纳整理，与同人共享。

一、要对贿赂犯罪立法体系有整体掌握

（一）对贿赂犯罪的全部罪名整体了解

作为贿赂犯罪案件辩护人，首先必须对法律涉及贿赂犯罪的整体法律体系及罪名予以全面把握，从宏观上了解立法的整体价值取向，穷尽掌握主要

法律规定、罪名及其法律特征。实践中很多律师并没有意识到这个问题的重要性，往往都是就事论事，就案论案，就罪论罪，只注重个案涉及的法律规定、罪名及法律特征而不考虑整体规定和罪名，甚至对于法律已经规定明确的新罪名都不知道，最终出现顾此失彼，导致委托人的权利没有得到很好保护，承担了不应该承担的刑事责任。同属贿赂犯罪，不同罪名之间的差距非常之大。

涉及贿赂犯罪的规定均在《刑法》第八章和后续颁布的《刑法修正案》中。到目前为止，《刑法》及后续《刑法修正案》规定的贿赂犯罪共有 **11 个罪名**：

1. 受贿罪（《刑法》第 385 条）；2. 单位受贿罪（《刑法》第 387 条）；3. 斡旋受贿罪（《刑法》第 388 条）；4. 利用影响力受贿罪（《刑法》第 388 条之一）；5. 非国家工作人员受贿罪（《刑法》第 163 条）；6. 行贿罪（《刑法》第 389 条）；7. 对单位行贿罪（《刑法》第 391 条）；8. 介绍贿赂罪（《刑法》第 392 条）；9. 单位行贿罪（《刑法》第 393 条）；10. 对非国家工作人员行贿罪（《刑法》第 164 条）；11. 对有影响力的人行贿罪（《刑法》第 390 条之一）。

辩护律师必须首先整体掌握这些罪名立法的时间、立法的社会背景、设立该罪名的社会意义，该罪名与相关罪名之间的关系及区别，特别是该罪名的基本构成要件。

（二）需要对贿赂犯罪涉及的相关法律规定有整体了解

许多律师虽然对贿赂犯罪的法律规定有所了解，但对相关的司法解释、准司法解释，尤其是刑事政策层面的规定掌握不够全面。这导致在一些本应依据司法解释和刑事政策解决的常识性问题上，辩护律师却不知道，甚至在辩护过程中出现一些失误。因此，作为贿赂犯罪案件的辩护律师必须首先穷尽了解和熟练掌握国家涉及贿赂犯罪的所有主要规定、立法背景等。

到目前为止，涉及贿赂犯罪的法律、司法解释、准司法解释、刑事政策方面规定主要包括如下，辩护人必须全部掌握，熟练运用。

1.《刑法》第八章；2.《刑法修正案（六）》；3.《刑法修正案（九）》；4. 2003 年 11 月 13 日《全国法院审理经济犯罪案件工作座谈会纪要》；5. 2001 年 5 月 22 日最高人民法院通过的《最高人民法院关于在国有资本控股、参股的股份有限公司中从事管理工作的人员利用职务便利非法占有本公司财物如何定罪问题的批复》；6. 2007 年 7 月 8 日 "两高" 印发的《最高人民法院、最高人民检察院关于办理受贿刑事案件适用法律若干问题的意见》；7. 2010 年 11 月 26 日 "两高" 下发的《最高人民法院、最高人民检察院关于办理国家出资企业中职务犯罪案件具体应用法律若干问题的意见》；8. 2009 年 3 月 12 日 "两高" 发布的《关于办理职务犯罪案件认定自首、立功等量刑情节若干问题的意见》；9. 1996 年 6 月 26 日最高人民法院发布的《最高人民法院关于对贪污、受贿、挪用公款犯罪分子依法正确适用缓刑的若干规定》；10. 2012 年 5 月 14 日最高人民法院、最高人民检察院通过的《最高人民法院、最高人民检察院关于办理行贿刑事案件具体应用法律若干问题的解释》；11. 1997 年 9 月 1 日中共中央纪委颁布的《中共中央纪律检查委员会关于对犯有贪污、贿赂错误党纪处分的数额界限问题的请示的答复》；12. 2007 年 6 月 2 日公布的《中共中央纪委关于严格禁止利用职务上的便利谋取不正当利益的若干规定》；13. 2016 年 4 月 18 日 "两高" 公布的《最高人民法院、最高人民检察院关于办理贪污贿赂刑事案件适用法律若干问题的解释》。

2016 年 4 月 18 日之后，再未颁布新的相关司法解释、准司法解释及刑事政策。前述 13 个规定基本穷尽了涉及贿赂犯罪主要的法律、司法解释、准司法解释及刑事政策。涉及贿赂案件相关的法律政策问题在前述规定中基本能得到满足。

穷尽掌握所有法律规定是辩护律师提出准确、高超辩护观点的有效前提，是律师对案件进行整体把握判断的基础，是辩护律师树立辩护自信心的根本，登高才能望远。辩护律师不仅要穷尽知道所有相关法律规定，而且应该知道每一次立法的社会背景，更应该知道该项立法的法律基础和价值取向。只有站在这个高度，你才能有 "一览众山小" 的感觉。

二、贿赂案件的特殊性表现

贿赂案件属职务犯罪，但又有其特殊性。贿赂案件的特殊性不仅体现在实体法上，更体现在程序法上。作为辩护律师必须充分了解和掌握这些特殊性，否则在具体业务活动中就不能得心应手。

（一）在实体法上的特殊性

第一，必须关注政策导向。

贿赂案件涉及犯罪主体的特殊性，特别是涉及国家政体与腐败问题的特殊性。在不同历史时期，尽管该罪名的法律规定本身并未发生任何变化，但国家整体的重视程度和查处打击力度会发生重大变化，打击对象的侧重点也会发生很大变化。因此，作为贿赂犯罪案件的辩护律师，必须及时了解和掌握这种现实政治需求动态，准确把握政策变化和导向。这样才能对犯罪嫌疑人可能面临的最终处理结果作出相对准确的判断，不给嫌疑人树立过于乐观的目标，并与时俱进地参与辩护，不失时机地提出合法适宜的辩护意见，才能收到事半功倍的效果。

第二，刑事政策、司法解释有时会重于法律。

贿赂案件说到底就是腐败案件，不同历史时期国家对反腐败的决心和力度是完全不同的，有时候差距还非常之大。我国属于成文法国家，刑法立法采取法典形式，修改法律程序比较麻烦。因此，司法解释、准司法解释、刑事政策在司法实践中的意义和价值有时候会重于法律，主要表现如下。

其一，司法解释原本是对法律实施中不明确的地方所作的解释，但司法解释不能超越法律规定；准司法解释从理论上原本不具备法律意义，对司法实践也是一种参考意义，更不能超越和替代法律；刑事政策就更没有对所有司法行为的拘束力了。但我们在司法实践中会发现司法解释、准司法解释、刑事政策有时会重于法律。

其二，刑事政策有时候比法律更具有适用价值。例如行贿罪的追诉标准，2016 年 4 月 18 日"两高"新标准颁布以前，按照《刑法》规定行贿 5000 元人民币即构成犯罪，可以进入刑事诉讼程序，追究刑事责任。但在司法实践中这个标准基本没有执行，具体的执行标准都是各省自己内部定。甚至在一个省、一个市内发生的行贿案件，由于受贿人不同，行贿案件追诉的标准也不一样。

第三，受贿罪的法律规定日益完善。

《刑法》第 385 条对受贿罪的犯罪构成有明确规定，按照受贿罪最初立法意义的犯罪构成，司法实践中很多案件虽然行为人确实有受贿行为，但按照法律规定的犯罪构成评价有可能就不构成行贿罪。尤其是"事前受贿"和"事后受贿"、斡旋受贿行为、利用影响力受贿行为等。但是随着反腐败及反腐立法的深入，到现在为止，这些"漏洞"已通过立法及司法解释等措施几乎全部解决完善，司法实践中已经很难找到领导接受贿赂而依法不构成犯罪的案例。所以，作为刑事辩护律师接受贿赂犯罪案件后，不要在这个方面给予太大希望，耗费太多精力。很多办理此类案件不多的律师或者初次办理此类案件的律师最容易想在这个方向突破，而最终发现是徒劳的。

（二）在程序法上的特殊性

贿赂犯罪在程序法意义上的特殊性更加明显，这就要求辩护律师更要准确把握，正确应对。

1. 侦查主体的特殊性。

在监察委设立之前，贿赂案件的侦查权虽然法律规定为人民检察院，但绝大多数案件的侦查都是各级"纪委"完成的。只有一小部分案件是由反贪局部门自己侦查，实践中称为"自侦案件"。监察委设立后人民检察院对贿赂犯罪的侦查职能消失，侦查权归入监察委。

2. 强制措施的特殊性。

第一，纪委侦查的案件可以采取强制措施，也就是我们通常所说的"双规"，时间基本没有限制。第二，监察委侦查的案件可以"留置"，留置目前也基本上是一种隔绝状态。第三，反贪局侦查的案件可以"指定居所监视居住"。尽管《刑事诉讼法》规定指定居所监视居住有严格条件限制，但在执行过程中，有的检察院基本上把"指定居所监视居住"变成了一种变相的"双规"。

3. 律师会见权的特殊性。

贿赂案件侦查不论是检察院反贪局、纪委还是监察委，在侦查阶段律师基本没有会见权利，贿赂案件辩护权设置首先在立法层面就与其他案件不一样。纪委的"双规"办案点、监察委的留置点，刑事辩护律师基本无法会见。只有极个别特殊贿赂案件，出于最终判决结果和对犯罪嫌疑人特殊处置的需要，才有可能允许辩护律师到"双规办案点"会见犯罪嫌疑人。

（三）司法实践的特殊性

既然贿赂案件存在这些特殊性，律师的辩护自然也必须具备与之相适应的特殊措施。笔者觉得应该注意以下几个问题。

1. 实施心理疏导乃第一要务。

一方面贿赂犯罪的嫌疑人大部分为领导干部，涉嫌犯罪后生存落差太大；另一方面由于侦查机关的特殊性导致最终不论审查起诉机关还是审判机关，能改变原侦查机关认定的案件事实及定性的非常少。因此，辩护律师的首要任务不是要找到多少推翻侦查查明的事实和证据，而是首先进行有效心理疏导。在贿赂案件中，嫌疑人有自杀倾向的非常之多，在辩护律师接触其之前，嫌疑人几乎完全与世隔绝。可以说，辩护律师是其被采取强制措施后见到的第一个可以信赖的人。因此辩护人首要的任务就是心理疏导，促使其尽快接受现实，适应现实，丢掉不切实际的幻想。以一种健康正常的心态面对后面的司法程序，避免其思想上继续走进死胡同，这种情况下案件事件和法律是第二位的。

2. 辩护策略上学会妥协与对抗相结合。

考虑到贿赂案件的特殊性，辩护律师的辩护思路也必须调整，放弃全面对抗策略。除非那些确实冤枉的案件，对于只是证据不够充分或者仅仅证据有瑕疵的案件，不能全面死抗。必须学会妥协和合作，因为在很多贿赂案件的处理上，采取全面对抗策略和采取适当妥协和合作策略所得到的判决结果差距很大。合作和妥协不但能够获得法律幅度内的从轻处理，有可能还会换取起诉的时候对侦查机关部分已经查明的部分事实、罪名不起诉的结果。

3. 学会放弃，求大同，存小异，不斤斤计较。

其实在很多涉财案件上都要明白这个道理，律师辩护不是要对不正确、不适当的指控全面进行否定，对所有辩护人认为证据不足的事实和证据予以全面否定。或者换句通俗的话说，对于有些案件事实认定的辩护，辩护人应该可以偷懒。

因为按照法律规定，受贿数额在超过一个量刑档次后，多一些和少一些数额对于法院最终量刑已经没有实际意义。如某一笔指控事实嫌疑人不认可，认定证据也有瑕疵，经过评判感觉到该笔事实最终认定与否对量刑意义不大的时候，可以劝被告人放弃对抗。这样做可能会被指责为"实用主义"，笔者觉得对于被告人而言，这种情况下还是实用主义更好。只要能使嫌疑人最终在量刑上得到实惠，有时候放弃是值得的。

三、贿赂案件辩护的几个有效突破口

根据笔者担任贿赂案件辩护的经验，辩护律师可从以下几个方面予以突破。

（一）关于赠与、借款与贿赂的关系

贿赂案件司法实践中经常出现的争议就是赠与和贿赂的区别、借款与贿赂的区别。从法律角度看，非直系亲属关系的赠与一般不可能认定为赠与，对此基本没有争议。关键是有几种特殊关系必须予以特别注意。一是受贿人与行贿人之间确属亲属关系，对直系亲属关系绝对否定赠与成立是不现实的，因此这种情况必须根据具体案件事实，根据双方实际关系的亲疏区别对待，找到突破口。二是受贿人同时具有双重身份，既是国家工作人员，又是宗教神职人员。比如伊斯兰教、基督教的一些教主、佛教的在家修行者等。给予这些人员的布施款、乜贴钱等不能一律认定为贿赂，该认定赠与的还是应该认定为赠与。

借款与贿赂之间也有一些中间地带需要区别对待，不能一律认定为贿赂。司法实践中，凡是有借条的，只要借据是真实的，意思表示也真实，原则上不认定贿赂。而比较难以认定的是那些由于双方熟悉，没有出具借条的情况。既不能一概否定，也不能一律认定，这个也是辩护律师发挥作用的地带。

（二）关于珠宝、玉石、字画、古董类物品的价格认定

在贿赂案件中，涉及珠宝、玉石、字画、古董类的受贿物品价格认定是一个难点，也是辩护律师能够发挥作用的地带。俗话说"黄金有价，珠宝无价"，尽管此类物品也可以进行价格评估，但能够对这些物品进行评估的中介机构非常少，专门有司法评估资格的机构更少。而且评估价格与市场价格之间不能简单等同。在文物拍卖市场上，评估价格一般都作为起拍价，但最终拍卖成交价格与评估价格之间往往差距非常大。对于此类物品侦查机关认定的价

格辩护人不能轻易认可。应当进行认真核对审查，寻找到新的突破口。由于此类物品价值变化空间非常大，一旦出现变动，就会有一个非常大的数额变化，绝对值得争取。

（三）准确把握"及时退还"的认定标准

2007年《最高人民法院、最高人民检察院关于办理受贿刑事案件适用法律若干问题的意见》规定，"国家工作人员收受请托人财物后及时退还或者上交的，不是受贿"。司法实践中此类情况认定存在一定困难，也有很大变数。主要是时间不好界定，究竟受贿后多久时间退还算"及时退还"？法律无法作出明确界定。实践中有一种情况是行贿人将贿赂赃款包装后送给受贿人，受贿人取得包装物后没有打开过，一直不知道包装物里面有贿赂款。这种情况如果查证属实，时间再久也可认定为"及时退还"。

笔者认为，认定的关键还是要看嫌疑人是否主观故意，也就是看是否想占有。如果想占有，即便受贿时间非常短，因为有可能被查出而退还，也不能认定为"及时退还"；如果确实不想占有，由于客观原因很长时间后才退还的，也应当认定。

（四）"案发前主动、积极退赃"如何从轻？

2007年《最高人民法院、最高人民检察院关于办理受贿刑事案件适用法律若干问题的意见》规定，虽不属于案发前积极退还，但由于一定原因导致其在"案发前主动、积极退赃"的应该从轻处罚。此情节属于法定从轻处罚情节，也是律师辩护的一个重要空间。实践中执行有两个难点，一是何谓案发前主动、积极退赃，二是如何从轻处罚。

由于法律规定本身比较原则，在司法实践中作出有利于被告人的认定相对比较容易。如果辩护人参与案件时间早，就可以最大限度地利用本规定争取到从宽处罚的法定条件。

特别是在认定为"案发前主动、积极退赃"情形后，究竟如何从宽处理法律空间更大。由于法律本身没有规定如何从轻，给执法者也留下了很大自由裁量空间，辩护人应为嫌疑人争取到更大权益。

（五）行贿案件辩护的几个有效突破口

第一，向单位行贿犯罪靠拢。

行贿罪立法中有一个重大立法不均衡，那就是个人行贿与单位行贿的刑期设置差距非常之大，即便在 2016 年 4 月 18 日"两高"司法解释将行贿罪入罪标准提高后仍然差距巨大。个人行贿为五档刑，最高可以判无期徒刑；而单位行贿罪只有一档刑，最高只有五年有期徒刑。也就是说，只要认定为单位行贿，哪怕行贿几亿元也是最高五年。而个人行贿一百万元就是五年以上有期徒刑，真是天壤之别。作为行贿案件辩护人首先要考虑能否认定为单位行贿。

司法实践中认定单位行贿在法律和事实上也有空间，因为侦查机关在认定是否属于单位行贿问题上一般都采取严格控制态度，导致很多原本属于单位行贿的案件仍然按照自然人行贿追诉，这就给辩护人留下了空间。成功实现由个人行贿向单位行贿的转变，辩护人必须首先对单位行贿与个人行贿罪之间的法定条件进行法理研究。笔者认为，单位行贿与个人行贿的主要区别应该从以下几个方面衡量。

（1）实施行贿行为由单位集体研究决定或者法定代表人个人决定都可以。如果能证明是集体开会研究或者个别征求意见决定的，认定为单位行贿没有问题。但由于行贿行为毕竟是违法犯罪行为，本身需要保密。因此大多数情况下不会采取会议研究或者个别征求意见的形式决定。为了最大限度保密，往往都是有决策权的个人决定，如果是单位的实际控制人或者主要决策人决定的，即便没有集体研究或者征求意见也仍然可以认定。

（2）行贿的资金一般为单位所有，或者单位采取变相措施转移到个人名下。司法实践中在单位账户上明确列支行贿款的比较少见，单位往往都会采取一些财务手段将单位的资金以奖金、提成工资、虚假报销等方式转移到个人名下，如果能够证明这些事实的话，也应当认定为单位资金；还有一种情况就是由个人先垫资或者借款实施行贿，这种情况认定也没有问题。

（3）谋取的利益归单位所有。笔者认为这是认定单位行贿最关键、最核心的一个条件。只要谋取的利益归单位所有，一般都可以认定为单位行贿，至于决策形式和资金来源都处于次要地位。即便是一人有限责任公司也应该遵循这一原则。因为一人有限责任公司同样会雇用劳动力，同样会纳税，同样会承担社会责任，况且法律也没有将一人有限公司例外处理。

特别需要注意的是，行贿案件向单位犯罪靠拢也非绝对，也要具体案件具体分析，从最终利益上进行权衡。因为，虽然认定为单位行贿后主要行为人的刑期会减少，但是同时单位犯罪罚金很高。在一些行贿数额不大的案件中，认定为个人犯罪和单位犯罪在量刑上差距不是很大，但罚金差距却非常之大，这个时候就要进行利弊权衡，有时候选择被认定为个人行贿更有利。

第二，向"索贿"靠拢。

《刑法》第389条规定，"因被勒索给予国家工作人员以财物，没有获得不正当利益的，不是行贿"。也就是说，如果属于索贿，且没有谋取不正当利益就不构成行贿罪。实践中索贿现象比较常见，而且大多数人行贿都不是为了谋取不正当利益。作为行贿案件辩护人，积极寻找是否存在索贿情节是一个有效突破方向，而且索贿的表现形式可以是明示的，也可以是默示的，仍然有很大空间。

第三，确定是否谋取不正当利益。

法律规定受贿罪只要谋取利益或者准备谋取利益就构成犯罪，不考虑谋取利益的正当性。而行贿罪法律规定必须谋取到不正当利益，否则不构成犯罪。行贿案件辩护中，是否谋取不正当利益也是一个重要突破口。实践中正当利益与不正当利益的界限有时候并不清晰。关于正当利益与不正当利益的法律界限本身就是一篇大文章，需要辩护律师花足够的时间和精力进行研究。

第四，争取认定"被追诉前主动交代行贿罪行"的量刑情节。

《刑法》第390条第2款规定，行贿人在被追诉前主动交待行贿行为的，可以从轻或者减轻处罚。这一法律规定可以说是行贿案件辩护一个非常有利的渠道。特别是对律师提前介入辩护的行贿案件，辩护人可以充分利用这一规定为嫌疑人争取更大的从轻空间。主要表现为两个方面，一是认定为被追诉前主动交代罪行难度系数不大，争取的空间也非常大；二是一旦争取到这一情节，最终的量刑结果最低都是"减轻处罚"，甚至"免除处罚"，这个诱惑是非常之大的。辩护律师在行贿案件辩护中应该特别重视是否存在该情节。

只要能争取到这一情节，普通行贿案件判处缓刑或免于刑事处罚是比较容易实现的。

以上是笔者通过学习关于贿赂犯罪的相关立法规定及原理，参加贿赂案件辩护所积累的一些经验，通过对贿赂犯罪案件办理的思考所获得的一些感悟，整理出来供同人借鉴。

2017 年 3 月 20 日

职务犯罪辩护的心理疏导技巧

导语： 随着反腐力度加大，职务犯罪案件不论数量还是规模乃至社会影响力都大幅度提高。因此，职务犯罪案件的辩护也变成刑事辩护中最具影响力的业务板块。由于职务犯罪案件在我国司法体系中侦查程序的特殊性，导致该类案件的辩护自然显现出非常大的特殊性和独立性。特别是由于职务犯罪主体的特殊性，导致犯罪嫌疑人、被告人及其家属对辩护律师的要求也表现出特殊性和差异化。在很多案件中，辩护律师对犯罪嫌疑人的心理疏导往往比案件实体辩护更重要。而大多数律师同人却没有认识到这个问题的重要价值和意义，有的甚至根本就不善于进行心理疏导。本人就多年从事职务犯罪案件辩护在此方面的经验进行整理，供同人参考。

职务犯罪属特殊类型刑事案件：一是犯罪嫌疑人多为领导干部，有的职务、地位非常高；二是社会影响力大、关注度高；三是法院审判此类案件的重视度及受限程度高；四是当事人对辩护律师的要求相对较高。因此，在辩护策略和技巧上也必须适应其特殊性，以最大限度保护被告人权益。

根据本人经常从事职务犯罪辩护的经验，做好职务犯罪辩护一项最关键的技能就是首先要做好心理疏导。

一、心理疏导的意义和价值

相对于普通刑事案件来说，职务犯罪案的当事人所面对和承受的压力要特殊得多。特别是人生落差太大，导致轻生自杀者比比皆是。侦查机关即便采取了周全的预防措施避免其自杀成功，但这种严密措施实施监管不可能永远持续。在轻生意念支配下，犯罪嫌疑人往往都会对抗侦查、审判，给案件的顺利审结形成极大阻力。因此，此类案件首先做好心理疏导是整个案件辩护成功的基础，更是审判成功的基础。

宋代诗人陆游在教育其子如何能做好诗时有句名言："汝果欲学诗，工夫在诗外。"其实这句名言是具有普遍意义和普遍价值的。不仅写诗如此，其他行业也是如此。如果你想成为某个行业的大家、大师，就必须在一定程度上跳出这个行业，而非永远不出其门。律师行业更是如此，很多大律师往往都不是学法律出身的。大师与普通人的区别恰恰就在于此，一个案件所涉及的单纯法律问题，有一定执业经验的律师都会找到，而丰富的经验和超然独特的思维才是大师与普通律师的分水岭。

实践中担任职务犯罪案件辩护的往往都是具有一定知名度和丰富执业经验的律师，能够被当事人选中担任辩护人的律师搜集相应的法律规定应该没有太大障碍。而结果的好坏就取决于法律规定以外的素质，千万不能把心理疏导视为不务正业，可有可无。

二、心理疏导的技巧

实际上，在担任职务犯罪案件辩护过程中，很多律师即便知道了心理疏导的重要性，或者案件已经明显产生了心理疏导的需求，真正能够疏导成功、改变犯罪嫌疑人心态和意识却不是任何一个律师都能够做到的。这对律师提出了更高的要求，需要律师具有完全超出法律知识以外的知识结构和能力。职务犯罪案件的犯罪嫌疑人多数都是领导出身，平常都是作决策，指使、教育别人的人，习惯了对别人指手画脚，都是别人服从自己，当需要他服从别人的时候往往都会有阻抗心理。如果实施心理疏导的律师没有超常的知识和能力，就很难改变和打动他的固有理念。本人认为在实施心理疏导时，应当从以下几个方面着手。

（一）要对案件的判决结果有相对准确的预期判断

在职务犯罪案件辩护中经常会出现这种情况，案件已经提起诉讼，起诉书都已经送达给各方当事人。当被告人咨询辩护人案件的最终判决结果时，有些辩护人仍然无法作出预测和判断。要么说导致判决结果的因素非常多而无法作出判决，要么说出很多模棱两可不着边际的话搪塞，导致被告人及其家属对辩护律师失去信心，甚至拒绝辩护。

尽管决定一个案件最终判决结果的因素确实很多，尤其是职务犯罪案件的因素更多。但这绝对不影响有经验的辩护律师对最终结果作出相对准确的判断。不要说起诉书已送达，即便是在侦查阶段与嫌疑人沟通，作出这种判断都是可以的。当然绝对准确的预期判断是不可能的。

第一，律师作出的预测判断是相对而不是绝对的。同时也要避免走向反面，律师给出的预测结果非常准确，最终判决结果出来后与预测差距太大导致律师非常被动，换句话说，就是你预测的结果只能是一个区间而不是一个具体的点。

第二，要告诉当事人这个结果是有一定法律或者案件事实前提条件的，如果前提条件发生变化，结果也会相应变化。

第三，要告诉当事人还有哪些因素能够影响预测结果，也就是可能有哪些因素会导致结果加重，如何避免这种结果的发生；可能有哪些因素会导致结果更好，如何去争取这种因素成立。

第四，要对当事人最担心和最希望的结果作出预测和判断。有些案件当事人会希望争取一个非常理想的减轻处罚乃至无罪结果，这种情况下一定要客观地告诉其这种可能性究竟有多大；有些案件当事人又害怕出现某种最坏的结果，比如无期、死缓甚至终身监禁，是否会加重处罚等。律师都应当根据法律规定、刑事政策、地区判例、执业经验作出相对准确的判断。

对判决结果进行预期判断有助于被告人树立信心，规划好新的人生，坦然接受审判和监禁教育，争取早日回归社会。因此，律师在对其判决结果进行预期判断后，还要尽可能分析告诉其虽然面临监禁，但是其自身所具有的很多生存优势和资源仍然客观存在，不会因服刑而消失或者全部消失，这些优势和资源在服刑结束后仍然是他余生可以支配和享受的条件，结束监禁后的生活仍然可以美好⋯⋯

（二）诱导其回味和满足自己曾经的"辉煌"

人多数都是感性的，具有理性思维的人是少数。领导干部因职务犯罪落马后落差太大，心理承受能力面临极限挑战。可以说不产生自杀念头的人是少数。对其进行感化和挽救除了要对判决结果进行准确预期外，还有一个办法是要诱导促使其回味和满足自己曾经的"辉煌"，此法在心理学上非常有效。

从心理学的角度看，人的幸福感均是源于心理感受，不同人对幸福的心理感受标准是完全不同的。一个人感觉很乏味的事情而另一个人则感觉非常幸福。而人的心理感受同样会随着时间和客观环境的变化而变化，不会一成不变。

职务犯罪的很多嫌疑人或被告人都曾经位高权重。突然身陷囹圄后从天堂跌入地狱，除了生理上所感受到的变化外，最大的变化还是心理上的。可以说地位变化带来的心理痛苦要比生理感受到的痛苦大得多。这种情况下解决心理问题显得尤其重要，一个很好的办法就是在心理上唤起他的满足感。

（三）引导其从传统文化角度认识人生无常，认识必然与偶然的哲学规律

不论是从历史唯物主义还是辩证唯物主义角度，无论是自然人还是宇宙，都在遵循其自然法则而存在和运行。特别是从辩证唯物主义角度衡量，天行有道而人生无常，这是最基本的自然法则。因此要让其懂得两个基本法则。

第一，老子《道德经》云，"祸兮福之所倚，福兮祸之所伏"，这是一项亘古不变的法则。不论任何人，祸福都处于不断变化中。没有任何一个人可以永远有福而无祸，也没有任何一个人永远有祸而无福。人与人之间的区别只是祸与福的大小和比例不同而已。因职务犯罪而失去自由，自然是祸，但是此祸却有可能隐藏着福。例如，如果不因职务犯罪被监禁，就有可能遇上交通肇事或者其他意外事故，而监禁后则避免此祸发生。

第二，古人云，"日中则昃，月盈则食"。任何人都不可能永远处于上升势头，也不可能永远处于下降势头。因此下降是必然的，即使没有实施过犯罪行为也会下降，只不过因为自己有职务犯罪行为存在，下降的结果是受到刑事处罚追究，根源还是在自己。

（四）引导其从辩证法的角度认识、面对所处困境

1. 古人云："到老始知非力取，三分人事七分天。"已经有过的"辉煌"地位是七分靠天定三分靠自己，现在所处的险境同样三分由天定，必须顺从命运。顺从命运的最好办法就是要尽快调整好心态，配合办案机关尽快查清案件事实，尽快依法得到处理，开始新的生活。

2. 古人云："忌德薄而位尊，智小而谋大，力小而任重。"追求富贵乃是人

的天性，但一定要遵循规则，一定要有度，一定要有底线，一定要有德行支撑。之所以有今日之祸，首先是自身德行不够，修身不够，或者居于自己不该居的高位。曾经的"辉煌"原本就不是其德行所能享有，超出了自己德行所能支撑的范围，故今日之祸是必然的。只能顺之，不能逆之。

3. 古人云，穷而变富易，富而变穷难，由富变穷而能乐而享之为圣人。不论任何人，由穷变富都非常容易，而由富变穷则非常困难，特别是由富变穷后还能高兴坦然接受，这就是圣人了。尽管困境已经形成，生理上已经无法返回昔日之辉煌，但从精神层面上为自身人格提升又形成了一个平台，为自己重新做人、塑造新的人格提供了机遇。完全可以将"灾祸"在精神层面变作改造灵魂，重新塑造灵魂，追求圣人德行的机遇。虽然不可能"外王"，但是完全可以"内圣"。使自己通过劳动改造真正改变人生，遵循"圣道"……如此则灾而不灾，苦而不苦。

（五）树立正确的理念面对审判

最终接受审判是必须面对的课题，而对于这些曾经"辉煌"的职务犯罪者而言，如何以一种正确姿态面对和接受审判也具有一定的特殊性。

实践中对于职务犯罪者往往有两种情况，一种是在法庭上痛哭流涕，另一种是在法庭上理直气壮表示无所谓，这两种极端态度都不可取。痛哭流涕者不一定说明悔罪真诚，往往更多的是后悔、恐惧。错了就应该坦诚而大方地接受审判，而哭的背后更多的是对以后日子的懦弱。而理直气壮者则更加错误，有今日之祸源于自己当日之错。必须真诚认罪悔罪，接受审判。自己错了还理直气壮无所谓那就是主观恶性问题了。这不仅是对法律的蔑视，也是对自己及亲友未来严重的不负责。如何面对和接受审判，对于职务犯罪案件当事人绝对是一件重要的事，一定需要辩护律师的正确疏导。

不仅要树立正确地面对审判的态度，更要树立正确的形象。很多职务犯罪被告人在出庭接受审判时，完全不注重形象，情绪低落，这更加不可取。出庭接受审判的形象也能显示出其对法律的尊重。辩护律师一定要从心理上疏导被告人以一种干净、整齐、真诚的形象出席法庭，接受审判。

2017 年 11 月 4 日

毒品犯罪案件证明标准的经验性把握

导语：毒品犯罪是一种特殊犯罪形式，毒品犯罪在刑法中单列一节，共十一个罪名。由于毒品犯罪的地域性、隐蔽性、社会危害的严重性、刑事处罚的严厉性等特点，导致毒品犯罪案件证据的认定具有不同于其他形态犯罪的特殊性，律师的辩护自然也具有一定特殊性。自 1990 年我国毒品犯罪开始出现大规模蔓延，由于宁夏同心县属于全国闻名的毒品犯罪重灾区，本人即大量从事毒品犯罪案件的辩护业务。现就二十多年毒品犯罪案件辩护中所积累的经验，就毒品犯罪案件的证明标准问题探讨如下。

毒品犯罪目前已成为刑事犯罪中最常见的一种犯罪形态，案件数量也呈逐年上升趋势，而且毒品犯罪也是我国判处死刑最多的犯罪。但毒品犯罪案件的证明标准却由于该犯罪行为的隐蔽性强、处罚结果重、罪名概念模糊等原因导致存在着很大的差距。最高人民法院先后出台了多个准司法解释性的会议纪要，对于总结毒品案件审判的经验，规范毒品犯罪的量刑，指导毒品案件的侦查、对起诉与审理都起到了非常重要的作用。

1991 年 4 月 25 日至 29 日，最高人民法院在广东珠海召开了十二省、自治区法院审理毒品犯罪案件工作会议。随后印发了《最高人民法院关于十二省、自治区法院审理毒品犯罪案件工作会议纪要》，简称《珠海会议纪要》。

2000 年 1 月 5 日至 7 日，最高人民法院在广西南宁召开了全国法院审理毒品犯罪案件工作座谈会，随后印发了《全国法院审理毒品犯罪案件工作座谈会纪要》，简称《南宁会议纪要》。

2008 年 9 月 23 日至 24 日，最高人民法院在辽宁省大连市召开全国部分法院审理毒品犯罪案件工作座谈会，随后印发了《全国部分法院审理毒品犯罪案件工作座谈会纪要》，简称《大连会议纪要》。

2014年12月11日至12日，最高人民法院在湖北武汉召开了全国法院毒品犯罪审判工作座谈会，一年后印发了《全国法院毒品犯罪审判工作座谈会纪要》，简称《武汉会议纪要》。

可以说上述四个"会议纪要"精神是我们办理毒品犯罪案件从理论到实践的指导性文件，具有准司法解释的效力。

笔者根据自己多年参与毒品犯罪案件的辩护实践，结合上述四个"会议纪要"精神，对毒品犯罪案件的证明标准问题作粗浅的归纳和探讨。

尽管《刑法》第347—355条规定了十一个大类的毒品犯罪行为，但司法实践中最常见的毒品犯罪主要还是指走私、贩卖、运输、制造毒品罪和非法持有毒品罪等几个罪名。其他罪名在司法实践中并不多见。所以，本文探讨的毒品犯罪主要为常见罪名。

一、毒品犯罪与其他种类犯罪在证明标准上的区别

虽然《刑事诉讼法》对于各类刑事犯罪的证明标准并没有规定不同标准。应当说，在"无罪推定"原则前提下，认定被告人构成犯罪，在证明标准上都应当遵循"排除一切合理怀疑"的原则。即只有当证明被告人构成犯罪的证据确实达到了足以排除一切合理怀疑的程度，才可以对被告进行定罪量刑，否则在法律上即推定为不构成犯罪。

但在司法实践中，毒品案件的证明标准在掌握上总要比其他类型的案件相对宽一些，这是由毒品犯罪的特殊性决定的。否则，毒品案件的起诉与判决有罪比例可能就会大大降低，不利于对毒品犯罪的打击。这种在司法实践中对毒品案件证据标准掌握上的区别，单从理论上看似有不公之嫌，但从全局和特殊性上整体衡量，还是公平和理性的。就像贩卖毒品罪与运输毒品罪的量刑标准一样，尽管《刑法》第347条对制造、贩卖、运输、走私毒品的量刑立法标准是相同的，立法没有区别，但司法实践中运输毒品和贩卖毒品之间的量刑标准却有着很大的区别。尽管这属于实体层面上的差距，从程序层面来说，同样也应当存在合理的差异性。因而，毒品案件在总体证明标准上采取相对降低标准的办法还是合法的、理性的。当然，降低标准后仍然必须达到确实充分的条件。

问题的关键是，究竟降低到什么程度为不突破法律底线，这是司法实践

中比较难掌握的一个问题。笔者认为，虽然没有办法从立法层面划一条明显清楚的标准界限，但在实践中从以下几个方面掌握还是可行的。

首先，对犯罪嫌疑人与毒品未被同时抓获、毒品与犯罪嫌疑人分离、毒品物证本身不能证明犯罪嫌疑人有罪的情况下，仅凭同案被告人陈述定案，如果只有同案一名被告供述证明，被告本人始终拒绝承认，也就是通常所说的"一对一口供"情形。此类情况非毒品类型案件一般均不认定，但毒品案件则要区别对待，不能一概否定。如果被告人无罪陈述的理由和情节均符合常理，则不能认定有罪；如果与常理严重不符或者与其他实物证据明显矛盾，则可以适当放宽认定其有罪。

其次，在被告人与毒品分离的前提条件下，如果有同案两名被告同时证明其参与了犯罪，即便证明有罪的两个被告有可能串供，或者有可能为了共同利益而巧合供述该被告人有罪。尽管这些明显的合理怀疑没有排除，对于毒品案件仍然可以认定。而此种情况对于其他非毒品类案件则不能认定。因为按照国际惯例，完全依靠同案被告口供认定有罪的案件，通常的定罪标准应当是同案三名被告口供，只有两名同案被告的陈述原则上不予认定。由此可见，毒品案件的认证标准显然与国际标准存在一定的区别。

二、关于公安特情人员"证言"的证明效力问题

毒品案件由于隐蔽性强，侦破难度较大，通常都是以使用"特情"为主要侦破手段。因而，特情在侦查过程中所作的言辞口供是否能为证人证言在法庭上作为指控证据使用，是司法实践中经常出现的问题。到目前为止，这个问题仍然在不同地域的不同审判案件中出现争论。笔者认为，应当从以下几个方面把握。

首先，由于我国《刑事诉讼法》所确立的是"法定证据制度"，不同于英美法系的"形态证据制度"。法定证据制度要求据以定案的证据必须符合法律规定的证据形态；而形态证据制度则对证据的客观形态不作法律规定，只在质证程序上进行严格限制。

现行《刑事诉讼法》第50条规定了八种法定证据形态。司法实践中，公诉机关都将公安特情人员所做的言辞口供划入"证人证言"范畴，将特情人员以证人身份对待，这明显有悖国家法律规定。因为我国《刑事诉讼法》第

29 条明确规定，审判人员、检察人员和侦查人员担任过本案证人的应当回避。那么，同样的原理反向推定，如果担任过本案的侦查人员、审判人员和检察人员当然就不能再作为证人了。这就是证人与侦查人员、审判人员、检察人员两种身份不能同时具备的原则。

法律这样规定或者我们这样理解是科学和符合法理的。因为侦查人员在案件侦破上都具有非常强的功利因素。特别是那些因实施违法甚至是犯罪行为被公安机关掌握控制的特情人员，他们都是为了给自己立功获得利益而为公安机关工作，尽管他们与被指控的被告之间多数情况下确实无冤无仇，有的还甚至是亲戚或者朋友关系，还有的甚至被指控的被告有恩于他们。但他们往往为了自身获得更大的利益而不惜作虚假口供证明被告犯罪，这都完全符合基本的人性基础。即便是那些具有警察身份的侦查员，同样也会为了扩大"战果"、立功，或当自己侦查承办案件有可能搞错而为了保全面子故意作虚假陈述。

证人证言的灵魂在于客观独立，没有客观独立性就没有证言的真实性，侦查人员作证恰恰破坏了证言的客观独立性。另外，在司法实践中，公安机关往往都以保密为由，一律不允许特情人员到法庭接受质证。即便是退一步将其作为证人证言使用，也因为不能接受质证而不符合《刑事诉讼法》规定的认证条件。所以，不论任何案件，凡是为公安侦查机关工作的特情人员一律不能具有证人身份，所作的言辞口供也一律不能作为证人证言使用。这个原则在毒品案件上同样不能例外，否则就是突破了法律底线。这就和开庭审理时公诉检察官和审判法官不能同时跑到证人席位上作证是一样的道理。

其次，既然特情人员不能同时具有证人身份。那么，一个案件如果有两个或者两个以上的特情人员同时证明同一被告人构成犯罪，能否因为数量的增加而具有证明力？答案当然是否定的。绝不能以特情人员数量的多少来决定证明力，从证据的性质上说并没有发生变化，只有量变而没有质变，在效力上当然不应该有实质性变化，这与同案被告供述性质完全不一样。

再次，有一种观点认为，《刑事诉讼法》第 29 条所规定的"侦查人员"应当指公安机关内部具有警察身份的侦查员，不应该包括其所临时使用的特情人员。这种观点明显是对法律的曲解。单从文字本身来理解，法律规定的是"侦查人员"，而不是"侦查员"。凡是协助公安机关进行侦破活动的人员都应当属于"侦查人员"范畴。如果法律规定为"侦查员"，那么这种理解倒是有一定道理。

最后，还有一种观点认为，《刑事诉讼法》第62条第1款规定："凡是知道案件情况的人，都有作证的义务。"所以，特情是最知道案件情况的人，当然可以作为证人。这更是对法律的错误理解。《刑事诉讼法》的该规定属于作证义务条款而不是作证资格条款。从法理上说，作证义务属于一般性条款，而作证资格则属于特殊性条款。按照"特殊优于一般"原则，同样也不具有合法性。

三、关于通话记录和监控录音的证据效力问题

在毒品案件侦破实践中，为了控制案件的发展方向，侦查机关大多数都将实施犯罪行为的犯罪嫌疑人之间或者犯罪嫌疑人与公安特情之间的电话通话记录进行打印提取，作为指控证据使用。有的重大贩毒案件还直接对相关的嫌疑人进行通话监控并录音。所以，通话记录和监控录音的证据效力问题也常常在司法实践中出现争议。

笔者认为，单纯的通话记录作为排除性证据没有问题。假如同案的一个被告证明另一被告人参与共同贩毒，证据就是他们之间在一定期限内频繁地进行通话，通话内容就是商量毒品交易。但经到电信部门查询、打印提取双方的通话记录，发现他们之间根本就没有通话行为。那么，这种情况下通话记录就可以排除这种指控。

但是通话记录却不能单独作为肯定性证据使用。因为当被指控的被告承认自己因为与对方熟悉而经常通话的情况下，通话记录单客观上只能证明双方有过通话的行为，而不能证明通话内容与贩卖毒品有关。即便是在公安机关控制的毒品交易时间内通话非常频繁也不能认定这就是在进行毒品交易，只能是一种可能性而已。当然，如果被指控的被告人始终否认自己与交易毒品的另外一个犯罪嫌疑人通话，而通话记录又明确证明有过频繁的通话，在这种情况下通话记录虽然不能单独证明被告有罪，但与同案一名被告的言辞口供结合起来就有可能证明该被告有罪。

监控录音是证明效力非常强的一类证据，属于视听资料类。应当说，如果监控录音经过声音的统一性鉴定并且排除人为剪接等因素后，即便在没有

其他证据的情况下，单凭监控录音就完全可以定案。司法实践中容易出现的问题有两种：一是录音没有进行统一性和原始性鉴定；二是公安机关以涉及保密为由拒绝移送视听资料。应当说，这两种情况都会直接导致证据失去证明效力。不进行统一性和原始性鉴定的情况下，如果经被告人本人听取后被告一直到法庭审理过程中都对该视听资料没有异议，也就没有必要进行鉴定了。但如果被告不承认，不进行统一性和原始性鉴定就不能作为证据使用。至于公安机关以所谓涉及秘密为由拒不移送视听资料，客观上就应当视为该证据不存在，当然不能作为有罪证据使用，更不可能有任何证明作用。

四、关于贩卖、运输和非法持有毒品罪的认定标准

制造、贩卖、运输、走私毒品罪属于选择性罪名，非法持有毒品罪属独立罪名。在司法实践中，制造和走私毒品罪法律特征的独立性强，不会出现混淆。但贩卖、运输和非法持有毒品罪有时容易出现界限不清的情况，有必要对容易出现混淆的一些边缘问题做一探讨。

首先，贩卖毒品罪在司法实践中定罪标准的变化比较多。在 20 世纪 90 年代初，毒品犯罪刚开始出现不久，贩卖毒品罪的认定标准放得较宽，绝大多数的毒品案件都是按贩卖定性。因为 1979 年《刑法》只规定了制造、贩卖、运输毒品罪，还没有规定非法持有毒品罪等罪名。

到 1990 年 12 月 28 日，全国人大常委会第十七次会议颁布了禁毒决定，将毒品犯罪的处罚标准大大提高，同时毒品犯罪的罪名也大幅度增加。为贯彻禁毒决定，最高人民法院于 1991 年 12 月 17 日印发了《最高人民法院关于十二省、自治区法院审理毒品犯罪案件工作会议纪要》，简称《珠海会议纪要》。一方面受 1979 年《刑法》的影响，另一方面按照当时的刑事政策要求，只要犯罪嫌疑人具有购买和出售毒品两个行为其中之一，就可以认定为贩卖毒品罪。这在客观上又造成了贩卖毒品罪定性的扩大化。原因在于，如果属于犯罪嫌疑人出售毒品的情况，一律定贩卖毒品罪没有问题，即便把毒品直接卖给公安特情人员也不会影响贩卖毒品罪成立；但如果只是查获了购买毒品行为的话，一律定贩卖毒品罪就与法律特征不符合了。因为犯罪嫌疑人购买毒品的并不都是为了贩卖，还有一部分只是为了供自己或者亲友吸食而已。这些为了吸食而购买毒品者，不但没有出售行为，连出售的想法也没有，定

贩卖毒品罪显然就名不副实了。

后来，随着司法实践中认定为非法持有毒品罪的数量逐步增加，贩卖毒品罪的认定标准逐步趋于理性。特别是到 2000 年 4 月 4 日，最高人民法院印发了《南宁会议纪要》，从司法上解决了贩卖毒品认定扩大化的问题。《南宁会议纪要》就非法持有毒品的认定划分了两个界限：一是非法持有毒品达到构成非法持有毒品罪的数量标准，没有证据证明实施了走私、贩卖、运输、制造毒品犯罪行为的，均以非法持有毒品罪定性；二是对于吸毒者实施的毒品犯罪定性要慎重，吸毒者在购买、运输、储存毒品的过程中被抓获的，如没有证据证明被告人实施了其他毒品犯罪行为的，一般不应定罪，但查获毒品数额大的，应当以非法持有毒品罪定罪。

《南宁会议纪要》印发后，毒品案件的定罪标准相对明晰、统一、理性。但在此后多年的贯彻过程中，由于法律并没有规定吸毒者非法持有毒品数量可以容忍的上限标准，又反而出现了非法持有毒品罪扩大化的现象。甚至吸毒者购买了数量非常大的毒品仍然按照非法持有毒品罪定性，这同样是不符合法理的。因为没有哪个吸毒者会一次性购买过于大量的毒品在家中储备吸食，这不符合基本人性；再者，由于毒品的交易价格越来越高，大部分吸毒者都是"以贩养吸"。所以，司法实践中有必要对可容忍的持有毒品上限标准划一个数量界限。

从理性的角度来分析，由于吸毒者的经济条件不同会导致其储藏能力有非常大的区别，在法律上划一个客观标准界限确实困难。但笔者认为，参照一般吸毒者通常的吸食量和一般的经济条件所能支撑的毒品储备数量标准，划出一个上下浮动的区间还是可以的。例如，可以规定在不超过 100—150 克范围，这样就可以使全国的定罪和量刑标准相对统一。绝不可因噎废食，否定《南宁会议纪要》所确立的成熟刑事原则而走向另一个极端。

运输毒品罪的定罪标准在司法实践中也经常出现一些争议，因为运输毒品罪的法律概念太宽泛。通常都表述为，将毒品从一个地点运往另一地点的行为。这就造成了在司法实践中运输毒品罪成了毒品犯罪中的一个"小筐"，当其他罪名不好认定时就顺手装入"运输毒品罪"这个"小筐"中。有必要对运输毒品罪这个"小筐"细化出一些标准。

例如，甲某被举报将要到某地贩卖毒品，公安机关随即对其实施跟踪监视。但犯罪嫌疑人从家出发一直跟踪到他自购买地返回家之前进行抓捕，并没有发现任何毒品。随后立即对其住所搜查，在其家中查获毒品海洛因110克。被告供述这些毒品是自己因贩卖毒品已被处决的兄长留在自己家中的，后来自己搬家时就连同家中的家具从农村搬到了城市的新家。该案公安机关认定为贩卖毒品罪，检察机关认定为运输毒品罪。

这个案件中，虽然被查获的毒品确实存在一个从农村到城市的运输过程，但定运输毒品罪显然是不准确的。一个非常简单的道理，虽然毒品的存放空间位置确实发生了变化，但整体空间位置发生变化后实际的存放位置还是在犯罪嫌疑人的家中。等于从自己家中运输到了自己家中，并没有离开自己家这个原始位置，运输行为没有任何实际意义。实质上是毒品存在的客观状态没有发生实质性变化，定运输毒品罪当然没有道理了。这种情况应当还是定非法持有毒品罪更妥当。

所以笔者认为，定运输毒品罪至少应当具有以下三个条件：第一，要有明确的托运利益主体，换句话说，要么是为自己运输，要么是给他人运输。第二，要存在专门的运输毒品行为，尽管运输毒品所采取的隐蔽手段可以多样化，哪怕一辆卡车装了10吨货物，其中只隐藏携带了1千克毒品，但目的是专门运输毒品。第三，运输的目的是改变毒品的客观存在状态。要么为了交易的需要，要么为了逃避检查的需要，要么为了转移到一个新的价格空间的需要，等等。如果没有改变毒品的客观存在状态就谈不上运输。当然，要将上述标准系统化、理论化也是比较困难的。但是，如果按照上述标准进行区分，还是可以得出相对科学的结论。

五、毒品犯罪构成及共同犯罪地位的认定问题

毒品犯罪是一种特殊形态的犯罪行为，在司法实践中，共同犯罪的认定以及共同犯罪中犯罪地位的认定也是争议较多的一个问题。

认定毒品犯罪的共同犯罪形态当然要严格执行《刑法》第25条的基本原则，即必须具有共同的主观故意和共同的犯罪行为。由于毒品犯罪案件的隐蔽性较强，尽管同一宗毒品在贩卖过程中有时要经过一个很复杂的过程，从行为的角度分析，有可能包括购买、运输、走私出入境、销售等数个行为，中间也更有可能很多人参与进来负责具体的一个环节。但为了安全起见，每

个人之间总是采取单线联系办法，相互之间并不见面，或者见面也只是单纯地交接货物，对于对方的情况和对方所实施的具体行为并不清楚。这样，认定具有共同故意犯罪就比较困难。因此，在司法实践中总是出现认定共同犯罪扩大化的问题。为此，最高人民法院《大连会议纪要》明确指出，"没有实施毒品犯罪的共同故意，仅在客观上相互关联的毒品犯罪上下家，不构成共同犯罪，但为了诉讼便利可并案审理"。

在司法实践中，对于事前有通谋的被告人之间认定共同故意没有问题。但是对于那些相互有关联的上下家，虽然事前确实没有共同商量，均不知道各自是否受同一个上线指挥（实际上也不会告诉他们是否受同一上线指挥），但是在具体交接货物中彼此都明白各自都是出于对同一宗货物的买卖或者运输，在交接货物的同时彼此已经完全明白具有了共同故意，这种情况认定起来就稍微困难一些。一般来说，在这种情况下，虽然行为人之间在主观上已经产生了默示的共同故意，但是他们毕竟没有实施共同的行为，他们各自的行为还是相互独立的，因此不认定共同犯罪为宜。

在毒品案件的共同犯罪中，主从犯地位的认定也是一个争议较多、比较难掌握的问题。在司法实践中有这样几个问题应当把握好。

首先，毒品犯罪案件要遵循自身的特点。通常情况下毒品犯罪都是以打击"两头"为主。所谓的"两头"就是毒品所有人和毒资所有人。因为没有毒品不可能贩毒，没有毒资同样不可能贩毒。所以毒品的"两头"一般情况下都应定为主犯。

对于在毒品所有人和毒资所有人之间穿针引线或者居间介绍的人，尽管有时毒品是他们直接运输或者保管的，一般认定为从犯为宜。有很多案件往往抓获的都是居间介绍人，货主没有被抓获。在这种情况下，往往总是将居间介绍人不分主次直接以贩卖毒品判决，被告本人也似乎没有感到有什么不妥。但是这类案件中，如果货主抓获的话，居间介绍人又都会认定为从犯。这就导致同样的犯罪行为，由于真正货主的抓获与否而产生的最终量刑结果有非常大的差距，法律的固有平衡性被打破。因此，最高人民法院《大连会议纪要》中明确指出，对于有证据证明在共同犯罪中起次要作用和辅助作用的，不能因为其他共同犯罪人未到案而不认定为从犯……只要认定为从犯，无论主犯是否到案，均应当从轻、减轻或者免除刑事处罚。

另外，对于那些受雇于货主，在整个毒品的贩卖过程中只负责运输、赚取运输费的犯罪嫌疑人，只要雇佣人被抓获归案的，均按照贩卖毒品罪共同犯罪认定，运输人以从犯认定，不再单独定运输毒品罪。但对于货主没有抓获也不明确的，或者只有运输毒品的嫌疑人单独交代而没有其他证据印证为他人运输的，则应当定为运输毒品罪。

六、关于掺假毒品问题

在司法实践中，掺假毒品案件出现得越来越多，案件处理的争议也比较大。自20世纪90年代到现在，国家法律规定的处理原则也变化较多。

20世纪80年代毒品犯罪刚开始的时候，尚没有出现掺假问题，后来在逐步出现了毒品掺假现象后，由于国家没有规定统一的标准，各地的处理做法并不相同。

1991年12月，《珠海会议纪要》印发，全国才有了统一的处理原则：凡是假毒品，一律按诈骗罪处理；如果是掺假毒品，一律折合为25%含量作为量刑标准。因此，在《刑法》修订前，所有的毒品案件都必须进行毒品的定性分析和定量分析。

1998年《刑法》修订后，《刑法》明确规定了掺假毒品不再折含量。在后来相当长的一段时间内，量刑标准基本不考虑是否掺假，不考虑含量问题。对于查获的毒品，不论数量多少也均不进行定量分析，只进行定性分析。

《刑法》修订后的司法实践中，掺假毒品案件开始逐步上升，而且掺假的比例也在逐步上升。由于毒品案件的量刑标准一直都是按照数量定案，甚至出现了很多被判处并执行死刑的案件就是因为毒品掺假才达到了判处死刑标准，如果不掺假就不会被判处死刑。这就出现了量刑标准的不平衡、量刑结果"罚不当其罪"的现象。因此，最高人民法院在《南宁会议纪要》中及时对此种现象进行了适当的调整，规定了对可能判处死刑的案件，应当进行定量分析，也就是含量分析。这虽然没有突破《刑法》不折含量的规定，而且在司法实践中进行定量分析后也不折含量，但是在具体量刑时进行灵活掌握，凡是因掺假才达到死刑标准的，均不判处死刑。

《南宁会议纪要》后随着大量的贩卖"零包"的毒品犯罪嫌疑人出现，毒品掺假现象更加猖獗，有的案件甚至查获的毒品海洛因含量不到5%，这就给量刑再次带来了极大的不平衡。

由于《刑法》规定毒品案件的处罚标准为三年以下、三年以上七年以下、七年以上十五年以下、无期徒刑、死缓、死刑六个档次。特别是《刑法》规定有期徒刑单一罪名最高十五年，而制造、贩卖、运输、走私毒品50克的起点刑就是十五年。也就是说在50克以上的案件中，有期徒刑只有十五年一个档次可供选择。50克必须判十五年，有可能200克也判十五年。判决结果与毒品案件以数量为量刑标准的刑事处罚原则严重矛盾。

因为掺假而达到死刑标准可以不判死刑，可以灵活掌握，是因为《刑法》对于死刑的数量标准并没有作硬性规定。而判处三年、七年、十五年的毒品数量起点《刑法》却进行了硬性规定。为此，《大连会议纪要》规定，对涉案毒品可能大量掺假的，亦应当作出毒品含量鉴定。

问题的关键是，尽管《大连会议纪要》已经规定了大量掺假的毒品案件可以进行含量鉴定，但是鉴定结论出来后如何在量刑时体现没有具体规定。特别是死刑以外的其他案件，如果因为掺假才正好达到三年、七年、十五年的量刑起点标准，量刑时能否灵活掌握？而实际上，这也是一个非常难解决的问题，因为如果以会议纪要的形式进行规定，那就明显与《刑法》规定产生冲突，出现法律效力上的问题。这应当说是一个需要立法者充分运用智慧来解决的问题。

以上是笔者对毒品犯罪中涉及证明标准及相关有争议几个问题的粗浅看法和归纳总结，望同人指正。

2016 年 6 月

死刑案件辩护应当注意辩护的延伸

导语：依照现行《刑事诉讼法》及相关规定，除部分暴力犯罪死刑由各省高级法院行使复核权外，尚有一部分非暴力案件的死刑仍然由最高人民法院行使，而且数量可能超过暴力案件，特别是毒品犯罪案件和职务犯罪案件。由于《刑事诉讼法》没有规定由最高人民法院复核的死刑案件律师可以担任辩护人，参与死刑复核程序，造成该程序完全变成了一个由最高人民法院独立秘密完成的内部操作程序，有可能导致被剥夺生命权的被告人辩护权缺位。因此，担任这种案件的辩护人就必须在二审的时候，做好辩护的延伸工作。

一

依照现行《刑事诉讼法》的规定，律师参与刑事辩护主要有三个阶段。即审查起诉阶段、第一审阶段、第二审阶段。尽管《刑事诉讼法》规定了律师在侦查阶段可以提前介入，但其职能仅仅是为犯罪嫌疑人提供法律帮助，代为申诉或办理取保候审而已，这些工作尚不属于真正法律意义上的刑事辩护。此时的律师亦不能称辩护人，从理论上说，也就不能单独成为一个独立的阶段。

另外，虽然现行《刑事诉讼法》仍然规定了刑事案件二审终审，但对于死刑案件，在二审以后，还有一个相对独立的死刑复核程序，这就使得律师在刑事辩护中除法律明确规定的三个独立阶段外，对部分死刑案件往往还需要一个特殊的辩护程序，应当称其为刑事辩护的延伸阶段。而且，随着死刑复核程序统一收归最高人民法院行使后，对于律师参加死刑复核程序的独立性要求更高，更应当注意做好这项工作，因为它是死刑案件当事人权利保护最重要的一个环节，也是最关键的环节。

二

所谓刑事辩护的延伸阶段，是指对于依法需报请最高人民法院进行死刑复核的案件，作为辩护人认为终审判决仍然错误或者量刑不当，继续以直接或间接的延伸辩护方式，影响、促使复核审法庭直接改变原生效判决，进而作出合法公正裁决的诉讼活动。虽然全国的死刑复核权被最高人民法院收回后，有人也称其为复核审，但实际上还不是真正意义上一个独立审理程序。这类案件均为大案、要案，更涉及人的生命权，社会意义重大，辩护律师必须认真对待，高度重视。

应该说，辩护的延伸阶段是对二审终审制度赋予被告人辩护权自身缺陷在制度层面外的一种有效弥补手段。对于那些实行三审终审制或死刑案三审终审制的国家，辩护延伸活动已自然被三审所吸收。

辩护的延伸阶段不是一个独立的诉讼阶段，它主要依附于二审辩护但又区别于二审辩护。司法实践中，很多律师由于对辩护延伸的存在以及与二审的区别等问题理解不够，往往不注重或放弃了辩护延伸工作，使本来可以得到纠正的案件错过了纠正机会，正确的辩护观点得不到法律认可，整个辩护工作功亏一篑。实践告诉我们，成功地做好辩护延伸，对保障国家法律的正确实施、杜绝错案发生、促进司法公正、维护人权和法律尊严、提高刑事辩护水平、提高辩护人知名度，都具有非常重要的意义。

三

辩护延伸现在还不是一个法律明确认可的辩护程序。因而在司法实施中又存在着权利、义务不明确，缺乏具体、统一标准，可操作性差等问题。从笔者参与辩护延伸的司法实践活动来看，辩护延伸活动主要有两个阶段。第一阶段依附于二审辩护活动，第二阶段依附于死刑复核程序之中，重点应该在第一阶段。

所谓辩护延伸的第一阶段，是指辩护人在案件二审过程中，通过调查、补充证据或者补充辩护词等方式，为死刑复核审奠定基础，从而达到最终纠正错误终审判决目的的诉讼行为。

也许有人认为，这与二审辩护实际上完全一样，何必多此一举？其实，它与二审辩护的区别还是比较明显的。我们知道，律师的辩护工作，每个阶段都有一定的针对性。一审辩护针对起诉书，二审辩护则针对一审判决书，而辩护延伸尽管主要存在于二审辩护中，但所针对的问题可能已经超出了一、二审所涉及的范围。

另外，一个案件的审理，往往每经过一个阶段，就会出现一些新问题；案件越往后，事实越趋于清晰，争议的焦点越趋于集中。特别是那些有必要辩护延伸的案件，往往到二审结束时还会出现很多原来不曾涉及过的问题。这些问题已不是一审错判的原因，而实际上将要成为导致二审错判的原因。因此，及时地在二审结束之前针对这些新出现的问题，调查取证或补充、扩容辩护词请二审法院及时入卷，给死刑复核审奠定基础，堵住可能出现的漏洞。这些工作显然已经超出了二审辩护的范畴，应该称之为辩护延伸。

例如，笔者辩护的李卫国特大贪污案。李卫国系宁夏某县临河粮库主任，在其担任粮库主任期间，以收购粮食为名从出纳处共打条取款五十三万元，全部用于赌博挥霍，检察机关以贪污罪、赌博罪向法院起诉。笔者以被告李卫国不具备国家工作人员身份，不能定贪污罪而应定侵占罪提出辩护。因此争议焦点自然是如何认定被告李卫国的主体身份问题。

起诉书认定贪污罪的错误在于检察机关适用法律错误，或者说是对《全国人民代表大会常务委员会关于惩治违反公司法的犯罪的决定》核心内容不了解。

一审法院经过辩护后当然不会再适用法律错误。虽然适用了《全国人民代表大会常务委员会关于惩治违反公司法的犯罪的决定》，但认为被告李卫国的粮库主任系国家机关——县粮食局任命，应属受委托的国家工作人员，以贪污罪判处被告死刑，剥夺政治权利终身。

二审时，辩护人紧紧抓住关于企业中认定国家工作人员的两个条件，很轻易地否定了一审以被告人身份的任命机关来确定被告人身份的错误观点。但由于本案当时在宁夏行政辖区属特大案件，再加上又发生在人民群众比较关注的粮食系统，社会影响极大。

特别是在二审期间《刑法》大修，而大修后的《刑法》恰恰又对国家工作人员的范围进行了扩大规定，按照修订后的《刑法》规定，李卫国的主体身份显然又完全符合国家工作人员身份的条件，二审法院维持原判的可能性极大。

因此，辩护人立即不失时机地展开辩护延伸工作。根据当时的情况，辩护人进行预分析认为，二审和死刑复核审有可能在以下几个方面的理解上出现问题。一是李卫国的自然身份，二是国家粮库企业的性质，三是所贪污款项的性质，四是新修订《刑法》对国家工作人员范围的扩大。

首先，辩护人调查了劳动人事局，证明李卫国系复员军人招工，属于纯粹的工人编制，不是干部编制；其次，到行政管理部门调查，证明临河镇粮库系全民所有制企业性质；最后，到粮食行政主管部门调查，证明临河粮库在案发前已实行全额自负盈亏的经营方式，国家和政府对该粮库的经营盈亏不承担责任。同时证明被告所贪污的款项系该企业从银行贷款用于做议价粮生意的流动资金，与粮库为国家代收的统购统销粮食无关。按照当时国家的粮食政策，所谓议价粮食就是完全在市场上自由流通的商品粮食，与国家粮食储备无关。

辩护人将上述调查材料提交二审的同时又写了一份补充辩护词，除对上述三个问题进行详细论述外，又对新修订《刑法》产生的问题作了更进一步的论述。第一，新修订《刑法》仍然采取"从旧兼从轻原则"，所以对本案无溯及力。第二，即便按照新修订《刑法》衡量，被告具有国家工作人员身份，本案的性质会变成挪用公款罪而非贪污罪。因为新修订《刑法》规定挪用公款不能偿还的不再转化为贪污罪。而本案恰恰是因为挪用公款不还而转化为贪污罪的，而且该罪的最高刑期是无期徒刑，法律没有规定挪用公款罪有死刑。

这样便将可能出现的漏洞全部堵严。果然，二审法院最终仍然驳回上诉，维持原判。此案依法报送最高人民法院复核，最高人民法院最终在死刑复核审中完全采纳了笔者意见，以侵占罪改判被告李卫国有期徒刑十五年，辩护人成功地进行了一次辩护延伸工作。很显然，辩护人向二审法院提交的补充辩护词及相关补充调查材料，已经完全超出了二审辩护的范围，属于辩护延伸阶段了。

当然，也有一些案件，虽然一、二审判决错误的原因是相同的，但一、二审对该错判原因的认识又不一样。因此，作为辩护人仍然必须不失时机地扩容辩护词，对二审可能出现的错误认识及早提出反驳观点，以备死刑复核审采纳。

辩护延伸的第二阶段是指辩护人在条件许可的情况下，直接向死刑复核审合议庭提出自己的辩护观点，从而达到纠正案件判决错误的诉讼活动。

从 2007 年 1 月 1 日起，最高人民法院将死刑案件的复核权全部收回。随着死刑复核统一由最高人民法院行使，辩护延伸的案件数量就会大大增加。因为在死刑复核权收回前，只有一小部分案件的死刑复核进入最高人民法院，其余的大部分死刑案件的复核权都是各个高级人民法院自己行使。在这种情况下，实际上二审和死刑复核审完全重合，也完全是一回事，律师的辩护延伸工作就没有任何实际意义。但死刑复核权统一收回后，所有的死刑案件都要进入最高人民法院进行复核，这就直接导致所有的死刑案件都可以进行辩护的延伸工作。案件量大大增加，空间也就更大。

另外，根据《最高人民法院关于复核死刑案件若干问题的规定》，不论是事实不清导致不能核准还是程序违法导致的不能核准，最高人民法院都直接发回重审，这也就从案件范围上增加了进行辩护延伸的案件量，更给律师开展辩护延伸工作提供了更大空间。

从程序上说，不论是死刑复核权收回前还是收回后，最高人民法院的复核审程序实际上都是在封闭状态下进行的，或者也可以说是一种"暗箱操作"。辩护人能具备直接向复核审法官陈述辩护观点条件的很少，要求辩护人当面陈述实际操作起来就更困难了。所以，实现直接意义上的死刑复核辩护还非常困难，还有待更进一步从制度上的司法改革来解决。期待将来将死刑复核审作为一个独立程序，在具备一定条件后，将死刑复核审的程序设置与一、二审一样透明，赋予辩护律师完全的辩护权，这个时候所谓死刑复核的延伸就真正没有意义和价值了。

以上是笔者对刑事延伸辩护概念提出、实践的肤浅体会，敬请批评指正。

2009 年 3 月 20 日

张扣扣案一审辩护词，精彩绝伦？

2019 年 1 月 9 日，张扣扣案的公诉词和辩护词在网上爆火，随后对该辩护词马上产生了"精彩绝伦"和"离题卖弄"两种截然相反的评价。几天后，邓学平律师又发了一篇《为生命辩护，需要怎样的辩护词？》，另一位辩护人殷清利律师也相继公布了《扣问真相——张扣扣另一辩护律师的辩护词》，一件原本案件事实和判决都不复杂的案件受到广泛关注。

平心而论，作为有三十年刑事辩护经历，为上千名被告担任辩护人的老刑辩律师，从专业的角度衡量，这篇辩护词确实存在专业性差、经验匮乏、社会责任感不足的问题，更重要的是不能作为刑事辩护追求的方向和楷模。

律师的辩护词被网络如此大规模传播自然是一件好事，这是刑辩业务被社会认知的一个极好窗口，具有风向标意义，但如果自身不好则会走向反面。

一、是否有必要把这样一篇辩护词毫无保留地公开传播？

刑事辩护业务是所有律师业务中享有公权力较多的一项。辩护律师可以几乎不受限制地会见犯罪嫌疑人，可以查阅复制几乎所有案卷材料，可以了解案件所涉及的几乎所有秘密，这是其他律师业务不可比拟的。这同时就要求刑事辩护律师必须承担必要的保密义务，不能任意将案件涉及的所有内容毫无保留地公之于众。

故意杀人罪首先属于暴力犯罪，而且是暴力犯罪中特别血腥的一种形态，这种案件的事实情节必然涉及很多血腥场面，也可能会涉及一些个人隐私问题。这类案件能不公开的东西还是不公开的好，如果需要公开，也应该对涉及过于血腥和隐私的情节进行技术隐蔽，这是刑事辩护律师最基本的社会责任感。

二、无法避免"炒作""卖弄"之嫌

不知道辩护人在法庭上是否原封不动地宣读了这篇"文章",以及另一位辩护人的辩护词?可以说,像这种辩护词在全国绝大多数法庭上不被提醒、限制、制止确实罕见。单从字数来看,这两篇文章按照平常语速读完应该需要一个小时以上。如此烦琐、重点不明、指责严苛的表述对法官的忍耐性确实是极限考验。当然或许是因为这个案件过于特殊,在社会关注度极高的案件上,中国法官的忍耐性往往都是超常的。

该辩护词内行人一看就有明显的异常感觉,没有法律如何说、司法解释如何说、刑事政策如何说,而是汪洋恣肆地大谈弗洛伊德如何说、罗尔斯如何说、孔子如何说、黄永峰如何说、李德嘉如何说、本杰明如何说、《宋刑统》如何说、《明律》如何说,乃至大段引用美国诗人纪伯伦的诗歌如何说……

将鲁迅先生在《记念刘和珍君》文中的"不在沉默中爆发,就在沉默中灭亡"引用到这里,不但过于牵强附会,而且明显不合时宜……刘和珍之死与张扣扣母亲之死,不论是伤害主体还是社会背景,特别是鲁迅先生写这篇文章的特殊社会背景,从哪个角度都没有可以比拟的地方。

更有甚者,竟然用美国诗人纪伯伦关于罪与罚、人性与神性的四段散文诗作为辩护词的结尾,更是令人大跌眼镜……

但凡有诉讼经验的律师都知道中国法官最讨厌辩护人在法庭上大谈"理论"给法官讲课,更何况该辩护词连法学理论都不谈而是谈起了"诗和远方"……无论如何,在神圣庄严的法庭上朗诵诗歌或散文,一定不会是一件和谐、合规、合适的事情。

三、确实缺乏刑事辩护的专业技能和丰富经验

古今中外,无规矩无以成方圆,刑事辩护自然也不例外。刑事辩护具有非常强的专业性,也具有非常强的规则性。写辩护词与文学创作之间有着天壤之别。不管标新立异也好,另辟蹊径也罢,一定必须在专业规则和范围之内,超出规则和范围就会发生本质变化,变成"此物非彼物"了。法律和规范确实没有规定辩护词必须如何写,但所有的内行人却都知道应该遵守何种规则。就像英美法系国家的成文合同法从来没有明确写明"公平原则""诚

实信用原则""自愿原则"一样，但是所有该法系内的法官、律师都会以这些原则判案。这篇辩护词给人的感觉确实不像辩护词，更像一篇激情燃烧的文学作品。

（一）基本没有"辩"的内容

辩护词是法庭辩论的完整表现，最基本的规则是必须有辩论内容，而不是一个唱独角戏者的朗诵。第一，必须对控方的指控有针对性地进行答辩，我们看到的辩护词中，几乎没有任何针对公诉书的答辩意见，这如何能叫辩护词？第二，庭审结束后形成的辩护词还必须增加法庭二轮、三轮，乃至多轮答辩的内容，否则也不能叫完整的辩护词，只能叫演讲稿。我们同样看不见究竟法庭上是不是形成了辩论。实际上真正考验一个辩护律师水平的恰恰在第二轮、第三轮答辩，而不是事前准备好的第一轮书面辩护词。

（二）法庭辩论不能"讲故事"，更不允许再复述事实

辩护词的最基本逻辑关系是按照"先重后轻、先大后小"的顺序论述辩护观点。辩护人一定要先阐述最重要的观点，依次往后……该辩护词摆在首位的观点竟然是"这是一个血亲复仇的故事"。

对于内行来说这足以惊掉下巴。第一，法庭是一个极其严肃、严谨，充满理性、思辨的地方。如何能允许"讲故事"？啥是故事？故事是编的！故事是不能当真的！"故事里的事，说是就是不是也是；故事里的事，说不是就不是是也不是……"第二，不论哪个国家、哪个法系的法庭，案件基本事实情节在法庭调查阶段就已经查清了，法庭辩论阶段原则上不再允许复述案情。更何况辩护人讲述的这个故事是23年前的一个案件，故事内容的来源是依靠被告人的个人回忆陈述……

（三）核心辩点基本没有涉及

辩护人的职责是什么？是向法庭提出和说明被告人无罪、罪轻，或者应当从轻、减轻处罚的材料和意见。对于本案来说，案件事实没有异议、直接故意杀人定性没有问题，特别残忍的手段也没有问题，辩护的核心就是量刑问题，说白了就是能否不判处死刑的问题。

如何获得可能不判处死刑的结果？有经验的辩护律师都会明白，要么被告人有精神病、要么具有法定从轻减轻处罚情节、要么属于义愤杀人、要么被害人有严重过错、要么具有防卫情节或者防卫因素、要么属于民间纠纷、要么具有重大立功情节……

整篇辩护词竟然没有提出一项法律规定可以从轻、减轻处罚的法律情节，而且竟然连判决书最终认定的自首情节都没有提出，也没有对张扣扣自首情节的法律意义和量刑价值作出更多论述……

尽管另一位辩护人的辩护词涉及了这些内容，但是，由于其辩护词构建的事实和逻辑架构太过烦琐和庞大，表达的逻辑性不够清晰，重点不明，导致包括法官在内的读者都无法得到清晰明显的结论。

（四）应该抓住的辩点轻描淡写一笔带过

对于本案来说，作为经验丰富的刑事辩护律师，一定会在被告人是否有精神病上大做文章。与其苦心寻找被告人"复仇杀人"的名人论述，还不如最大限度地寻找被告人精神异常的现实证据，促使法庭对被告人进行司法精神病鉴定。尽管另一位辩护人也提出了一些观点，但是显然不够专业和深入。精神病患者属于情志性疾病，大多数都是功能性病变，不是器质性病变，其生理指标与正常人没有太大的区别。

本案中，一审法庭驳回鉴定申请的法律依据是否充分？辩护词没有作更多法律分析。而且，即便是庭前会议已经驳回了司法精神病鉴定申请，作为一个程序问题在正式开庭时也仍然要提到。对于本案，司法精神病鉴定问题要远比汉中市中级人民法院应该回避之类的程序问题重要一千倍。

（五）以"复仇杀人"为辩点属方向性错误

将"复仇杀人"作为辩点是方向性错误，如此不但救不了被告，恰恰还将其推向深渊。现代法治程序背景下，不论哪个国家的法律都没有将复仇杀人作为从轻、减轻处罚的条件。所谓复仇杀人，就是有预谋地报复杀人，美国称之为一级谋杀。

第一，到目前为止，我国法律体系中不论是法律、司法解释还是刑事政策都没有确定"复仇杀人"属于可以从轻、减轻处罚的条件。

第二，拿哈姆雷特、基督山伯爵、赵氏孤儿、《宋刑统》《明律》等关于复仇的历史文化先例作比较，本身就犯了一个逻辑错误。辩护词第3个问题"复仇有着深刻的人性和社会基础"中所有的案例的前提都是公权力对于仇恨没有制裁而导致复仇，由于公权力制裁缺位最终导致复仇者以个人力量复仇，这当然是需要谅解的。而本案中23年前伤害致死案件已经由公权力予以惩罚制裁，二者之间没有可比性。如本案发生在23年前王正军作案后没有被处罚前，这个比较是可以成立的。

第三，23年前的那个故意伤害致死案件，是否存在判决畸轻只是辩护人以个人观点为前提拟制的一个法律判决结果，并未经过法定程序确定。故意伤害致死案件的量刑顺序是先有期徒刑、后无期徒刑、最后才是死刑；而故意杀人罪的量刑顺序是先考虑死刑、然后考虑无期徒刑、最后考虑有期徒刑，顺序是完全相反的。

未成年人犯故意伤害致死罪，而且受害人有过错，肯定不会顶格判到无期徒刑。假如存在量刑轻的问题，心理期待值也就是三五年的差距，更何况量刑原本就是法官的主观认知和判断，多几年和少几年只要在法律规定幅度内，是很难进行绝对客观评价的。因为这样一个案件，23年后作出如此惊天大案，究竟有多少可以必须考虑的量刑因素应该是非常明确的。反过来说，如果当时判十年以上有期徒刑是不是现在被告人就一定不会作出如此大案？辩护人也不敢保证。

第四，本案的产生是否完全属于"复仇杀人"关键在于两案之间的间隔时间，在这一点上公诉人抓得比较成功，而辩护人没有作任何解释和答辩，其实也是有意回避了。不论国家之间、民族之间、家族之间、个人之间的仇恨，都会随着时间的推移而逐步淡化。23年前的仇恨为什么23年后才爆发？为什么不是7年、9年、15年……究竟是什么样的条件导致必须正好在23年？辩护人没有解释清楚。很显然，将案件起因完全定性为复仇说不通，只能说复仇是因素之一，而不是全部。

（六）缺乏诉讼策略

完美的诉讼结果一定包含着高超的诉讼策略，特别是像这种惊天大案，没有全方位的诉讼策略作保障不可能达到目的。

1. 对于有较高刑事辩护经验的律师来说，这种惊天大案辩护的理想结果并非只有不判处被告人死刑一个选项，其实还有一个选项，那就是即便最终不能实现不判处被告人死刑，也还存在一个为被告人保留社会声誉的问题。换句话说，即便伏法，还能给社会公众留下一个可以理解的社会形象。

第一，辩护人应当教育被告不但认罪，而且要真诚悔罪。正如辩护人所说被告人 23 年一直被仇恨所裹挟，由于他认为公权力判决不公，漫长的 23 年缺乏仇恨排泄通道，从犯罪心理学角度看他是一直处于被压抑的病态心理状态下，作出如此惊天大案应该是极度病态心理导致的结果，作案后该畸形变态心理障碍应该释放和解除才对。当案件发生后经过近一年看守所关押教育，他应该从病态心理和阴影中走出来了，应该认识到自己如此严重犯罪给社会带来的危害，应该也必须真诚悔罪。认罪而不真诚悔罪，甚至以自己复仇成功而感觉理直气壮，说明其主观恶性更深。这种情况下如何让社会理解乃至谅解？

第二，经验丰富的辩护律师也完全可以事先与被告人沟通不要上诉，或者至少不要当庭理直气壮地提出上诉，这才是真诚悔罪的具体表现。法庭宣判后如果必须上诉完全可以在判决书规定的上诉期前提出即可，当庭就理直气壮地提出上诉说明其对判决有明显的抵触情绪。实际上内行人都明白，这种案件即便被告人不上诉，二审的复核程序和最高人民法院的死刑复核程序仍然不会缺少。这种事实和定性没有任何问题的案件，二审程序意义并不大。刑事案件不同于民事案件，民事案件当事人不上诉一审判决就会生效，而刑事死刑案件即便被告人自己不上诉，后面的程序一样也不会少。在后面的程序里面，辩护律师仍然可以提出独立的辩护意见，二审乃至死刑复核审法院也不会因为当事人没有上诉而把不该判处死刑的人判处死刑。

试想，如果被告当庭真诚悔罪，表示服判不上诉，被告人不论最终能否不被判处死刑，其获得的社会效果与现在一定会不一样。

2. 对 1996 年案件南郑法院的实体判决和程序，本案发生后辩护人代理申诉、国家赔偿后汉中中院的程序违法行为采取大水漫灌、四面出击式的全盘否定，甚至提出汉中中院应该回避的"奇思妙想"……完全不讲策略，完全没有章法，完全不考虑重点。从表面看似乎非常卖力、也非常认真，更似乎很有水平，但结果恰恰适得其反。

诉讼是一项考验智慧的博弈，诉讼高手一定会讲究策略，一定会考虑重点，一定要有章法。既要有对抗，也要有合作；既要有正面冲击，也要有顺势而为地借力打力；既要有突破，也要有舍弃……不能只要自己认为是违法行为就毫不保留地和盘托出，把相对法院说得一无是处。采取任何诉讼措施一定要考虑必要性和可行性，没有必要性和可行性的措施不做更好。申请汉中中级人民法院回避之举可以说既没有可行性，也没有必要性。

四、社会责任意识缺失

此类特别敏感案件的辩护，辩护人职责第一是最大限度地使被告人获得从轻判决，第二是最大限度地保障被告人获得充足辩护权利，第三是必须注意辩护律师的社会责任。

辩护词首先是说给法官听的，但也是说给所有诉讼参与人听的，更是说给旁听群众听的……辩护词内容必须认真仔细斟酌，用词严谨，切不可汪洋恣肆、任凭感情流淌，产生负面社会影响。必须充分考虑所有听众的感受，尤其是受害人的感受。

仔细阅读该辩护词发现辩护人存在社会责任意识明显不强的问题，语言表达偏执和随意。辩护人受自身职责影响，总会千方百计寻找有利于被告人的证据，寻找被告人身上哪怕是非常微弱的闪光点，特别容易走向极端，特别容易产生偏执。有经验的律师一定会不时地让自己跳出辩护人思维，站到公诉人和受害人角度，以公诉人和受害人思维从反面考虑问题，这样才不会走偏……

从该辩护词的语气、内容我们能明显地感觉到其实辩护人已经被一种极端思维牵制和裹挟，感性成分远远大于理性成分，以致表达出很多不顾社会影响的偏执性语言：

"张扣扣是个什么样的人呢？是那种大奸大恶的人吗？显然不是……可以说，张扣扣本质上并不是坏人。只是生活和命运让他有了不同于常人的选择。"

以极端残忍手段（一人24刀）故意杀害三条人命，辩护人的评价结果竟然既不是大奸，也不是大恶，甚至不是坏人！我不知道在法庭上被害人及代理人有何反应！公诉人有何反应？

而辩护人评价其既不是"恶人"也不是"坏人"的标准竟然是不喝酒、

不抽烟、不乱花钱、对人有礼貌、爱干净、生活节俭、不外面乱跑……这是一种多么扭曲和荒唐的价值观！生活习惯不良的人是"恶人""坏人"，而故意杀人的人不是"恶人""坏人"……

当辩护人出此惊人之语时，在庄严神圣的法庭之上是否考虑了被害人家属的感受？是否考虑了广大听众的感受？是否考虑了社会对中国律师群体的感受？

五、辩护人在同一案件中思维模式不能自相矛盾，更不能以自己拟制的判决结果作为辩护依据

1.通过比较两位辩护人发表的辩护词会明显发现对于本案和23年前案件的思维模式明显自相矛盾。对23年前案件完全是"有罪推定"思维，而本案则完全是"超级无罪推定"思维。

对于23年前的故意伤害致死案件：第一，定性不准，应属于间接故意杀人；第二，程序违法，剥夺了被害人的上诉权；第三，量刑畸轻，甚至枉法裁判。而对于连杀三人，手段极其残忍的被告人，辩护人竟说既不是"恶人"，也不是"坏人"？

2.对于23年前的故意伤害致死案件，向南郑法院、汉中中院、陕西高院提起申诉和国家赔偿的时间均为本案发生后的2018年。也就是说，如果没有张扣扣故意杀人案件，张福如永远不会对23年前故意伤害致死案件不服而申诉，也永远不会提出所谓的国家赔偿！辩护人代理张福如于2018年3月开始提起的申诉和国家赔偿案件完全是为本案辩护准备材料。尽管《刑事诉讼法》对申诉没有规定期限，但也不能23年都不申诉，张扣扣犯下了惊天大案后才感觉原来判决不公要申诉。既然张扣扣漫长的23年一直被仇恨所裹挟，一直认为案件属于被人为操纵的枉法判决，为何23年都不提出申诉？

3.辩护人的辩护观点完全建立在自己拟制的判决结果基础上，这显然是荒唐的。大概辩护人自己也是因为明白这样一个简单道理才不遗余力地开始申诉，因为只有通过申诉程序纠正原来的判决后，律师拟制的辩护理由才有可能名正言顺。23年都没有提起申诉的案件，现在为了给故意杀人案件找辩护理由提起的所谓申诉，不要说案件原本就没有太大问题，就是有问题又有多少改判的可能呢？

定性错误也好，枉法裁判也好，程序违法也好，量刑畸轻也罢，都是辩护律师自己拟制的法律前提，该法律前提完全建立在辩护律师个人的主观认知之上，这显然是错误的。律师不能把辩护观点建立在自己拟制的法律事实之上，这样的辩护是没有任何价值的。

2019 年 1 月 15 日

从李卫国贪污案的成功辩护，看我国贪污、贿赂罪主体之变化

自 1998 年伊始，对发生在宁夏回族自治区产生重大影响的李卫国贪污案，最高人民法院以刑复字〔1997〕第 116 号刑事判决书终审裁决画上了句号。随之，在宁夏法律界关于对此案定性及犯罪主体认定问题的激烈、持久争论也一锤定音，尘埃落定。笔者作为被告李卫国的辩护人，在本案定性及犯罪主体问题上所持的完全不同于灵武、银南两级检察院和银南中院、自治区高院二级法院的辩护观点完全被最高人民法院所采纳。作为一个律师，这无疑是值得欣慰的。

但是，最高人民法院的终审裁决结果以及本案在侦查、起诉和审理中的一波三折，又给社会公众乃至政法机关留下了一个深深值得反思的问题。甚至有很多业内人对最高人民法院的裁定感到大惑不解。此案为何最终竟如此轻判？

实际上，我们天天在改革，殊不知这恰恰是改革的产物；我们时时盼法治，这也正是法治的结果。正是因为改革的不断深化和国家体制的变化，作为上层建筑的法律制度必然要适应经济基础的变革。从 1980 年我国第一部《刑法》的实施到 1998 年 10 月 1 日我国修订后《刑法》的生效。贪污、贿赂罪的主体随着国家政治和经济体制的变化而先后发生了四次大的变化。本案的最终判决结果完全是这种国家法律制度变化的结果。通过对本案审理、辩护过程的回顾和分析，探究这种国家法律制度变化的社会历史背景，不仅对我们揭露、惩治腐败犯罪，同时也对于严格执法，正确区分罪与非罪、此罪与彼罪的界限都有重大意义。特别是对防止在与腐败进行斗争的过程中再次滋生新的腐败，更具有现实意义。

最高人民法院的终审裁决至少留给我们一个最现实的原则，惩治腐败必

须严格依法办事，感情不能替代法律，不论付出多么大的代价都必须保证法律的神圣、严肃和至高无上，否则就谈不上法治。

一、案情的审理经过

被告李卫国，男，1963年出生、汉族，天津市人。被捕前系宁夏灵武县粮食局临河粮库主任。李卫国自1994年9月至1996年3月以给粮库购粮为名，先后共从粮库打白条取得现金共计525720元。全部用于赌博，挥霍一空。由于被告占用上述款项时，均给财务人员出具了条据，因而本案案发后，检察机关很快就查清了全部犯罪事实。灵武市人民检察院于1996年2月11日依法逮捕了李卫国。此案作为宁夏全区挂号的特大贪污案，加上案件又发生在人民群众特别关注的粮食系统。很快通过新闻媒体公布之众，在宁夏引起了不小的震动，也引起了社会各方面的关注。

1996年4月25日，宁夏银南人民检察院以南检刑起字〔1996〕第23号起诉书对被告李卫国以贪污罪、赌博罪向银南地区中级人民法院提起公诉。笔者作为辩护人参与了案件的审理活动。

接受委托后，笔者通过对起诉书的审查，查阅了全部案卷材料，又作了一些必要调查。核实：第一，灵武县粮食局临河粮库属全民所有制企业，自1995年开始施行自负盈亏、自我约束、自担风险的自主经营模式。第二，被告李卫国系复员军人经过计划招工到粮食系统工作，在灵武劳动人事局的档案里占国家职工编制，不属国家干部编制。第三，粮库对于国家统购粮部分的经营系委托代理经营关系，但是对于自营粮食部分完全自主经营，受市场调控。

庭审中，笔者对起诉书所认定的案件事实没有提出不同意见，只对案件的定性和适用法律提出了完全不同于检察机关的辩护意见：第一，本案应定侵占罪而非贪污罪；第二，本案应适用《关于惩治违反公司法的犯罪的决定》而不应适用《关于惩治贪污罪贿赂罪的补充规定》。因此，本案被告应在有期徒刑幅度内量刑，其主要理由如下。

1995年2月28日，全国人大常委会颁布了《关于惩治违反公司法的犯罪的决定》。按照该《决定》第九、十、十一条规定，原《关于惩治贪污罪贿赂罪的补充规定》的国家工作人员范围大大缩小了。为贯彻执行上述法律，最高人民法院于 1995 年 12 月 25 日颁发了《关于办理违反公司法受贿、侵占、挪用等刑事案件适用法律若干问题的解释》。该《解释》第 4 条对企业中的国家工作人员作出了明确界定，也就是企业中的国家工作人员必须同时具备两个条件。第一，行使管理职能；第二，必须同时具有国家工作人员身份，也就是原来的国家干部身份，现在的公务员身份。根据上述法律规定，结合笔者所做调查，很显然李卫国不具备国家工作人员身份。第一，临河粮库系企业，同时，按照"从旧兼从轻"的刑法原则，当然适用《关于惩治违反公司法的犯罪的决定》。第二，李卫国系粮库主任，企业法定代表人，符合最高人民法院《解释》规定的行使管理职能的条件。第三，李卫国系职工编制，不具备国家工作人员身份，自然缺一个条件，因此他不属于国家工作人员。起诉书的定性和适用法律明显错误。

银南地区中级人民法院经审理认为：被告人李卫国在受政府粮食管理职能机构任命为粮库主任后，即成为国家粮食企业及行政管理的工作人员。因此，认定指控的罪名及适用法律成立。以南刑初字〔1996〕第 31 号刑事判决书判处被告李卫国犯贪污罪，处死刑，剥夺政治权利终身；犯赌博罪，处有期徒刑三年，决定执行死刑，剥夺政治权利终身。宣判后，社会各界均对判决结果感到满意。而作为辩护人，最神圣的职责当然是国家法律的正确实施。在征得被告同意后，依法向宁夏高级人民法院提起上诉。

本案二审期间，笔者继续作为二审辩护人参与诉讼，并针对一审的判决提出了不同的辩护意见。很显然，银南中院的上述认定与判决明显牵强附会，不但混淆了基本的法律概念，而且明显与国家法律规定相悖，是对国家法律的任意化解释。

首先，一审法院明显对于《关于惩治违反公司法的犯罪的决定》中对于国家工作人员范围界定的法律变化采取了回避的态度。其次，又明显偷换了概念。《刑法》所要求的"国家工作人员"与"国家粮食企业及行政管理的工作人员"明显是内涵和外延都不相同的两个概念，相互绝不能替代。最后，最关键的是，对于本案来说，最核心的问题就是李卫国的公务员（干部）身份问题。没有这个条件，他的国家工作人员身份就没有办法确立。

实际上，对于李卫国案件在宁夏的判决，已经远不是一个单纯的法律问题，而是演变为一个明显带有政治色彩的案件。所以，在二审期间，已经有一些法官同意辩护人的辩护观点。但最终的判决结果当然不会采纳辩护人的意见。自然还是那八个字："驳回上诉，维持原判。"

按照法律程序，该案依法报请最高人民法院对李卫国的死刑判决进行复核。此时的被告人李卫国已是万念俱灰。他没有想到，最高人民法院最终采纳辩护人的辩护观点，认定李卫国不具有国家工作人员身份，以侵占罪判处有期徒刑十五年，本案的判决结果发生了巨大变化。

二、我国《刑法》对国家工作人员范围界定的法律变化

1. 1980 年《刑法》实施，当时我国刚开始进行改革开放，整个国家的经济基本上都是国有企业，国家的经济基础还非常薄弱，改革需要逐步引入非公有制经济，为了加大对国有资产的保护力度，当然需要对国有资产从立法上进行特殊的保护。反映到《刑法》立法上，对于国家工作人员的界定当然要采取放宽的策略。另外，1980 年《刑法》还没有侵占罪和职务侵占罪。所以，国家工作人员的范围相当宽泛。按照 1980 年《刑法》第 83 条的规定，一切国家机关、企业、事业单位和其他依照法律从事公务的人员都是国家工作人员，几乎涵盖了所有按照当时的法律从事公务的人员。1980 年《刑法》中对于国家工作人员的认定，主要以身份为判断标准，而区别身份的主要标准则是"从事公务"。也就是说，1980 年《刑法》规定的国家工作人员实际上就是一个标准，那就是"从事公务"。

2. 到 1988 年，全国人大常委会颁布了《关于惩治贪污罪贿赂罪的补充规定》。为了适应全国范围的惩治经济领域的犯罪活动，《补充规定》对 1980 年《刑法》的国家工作人员进行了扩大的解释。在原来的基础上又增加了：集体经济组织工作人员和其他经手、管理公共财物的人员。同时对于非国家工作人员与国家工作人员内外勾结进行贪污的，规定按共同犯罪处理。从《补充规定》的立法意图来看，认定国家工作人员的标准显然发生了变化。主要按贪污财产的对象性质来认定，也就是按贪污、挪用的财物是否为"公共财物"来认定。只要贪污"公共财物"的，几乎都可能是国家工作人员或者共犯性国家工作人员。

3. 随着 1993 年《公司法》的颁布，大量的国有企业改制为有限责任公司。同时，非公有制经济占国家经济的比例大大增加。为此，全国人大常委会通

过了《关于惩治违反公司法的犯罪的决定》，增加了职务侵占罪和挪用资金罪两个新罪名，将企业中的贪污与挪用行为另行设立了两个新的罪名，对国有企业中的国家工作人员相应地进行了缩小，也就是只有在国有企业中享有管理职能，同时具有干部身份的，才构成国家工作人员主体。很明显，该《决定》对国家工作人员的判断标准明显又有了新的变化，又变回了以身份为主要判断标准。这也就是最高人民法院为何要采纳律师的意见，改判李卫国职务侵占罪的法律依据。

4. 1997 年修订《刑法》，国家工作人员的范围再次扩大。1997 年 3 月，第八届全国人民代表大会第五次会议对《刑法》进行了大部份修订，国家工作人员的范围同时被扩大。按照修订后的《刑法》第 93 条的规定：国家工作人员的范围为：国家机关中从事公务的人员；国有公司、企业、事业单位、人民团体中从事公务的人员；国家机关、国有公司、企业、事业单位委派到非国有公司、企业、事业单位、社会团体从事公务的人员；以及其他依照法律从事公务的人员共四种。相比《关于惩治违反公司法的犯罪的决定》，一是国有公司、企业中的国家工作人员明显扩大了，二是对国家工作人员的判断标准又变成了以"从事公务"为主了。如果李卫国贪污案按照修订后的《刑法》为标准的话，构成贪污罪又没有问题了。当然量刑就不一定必然为极刑，因为到了 1998 年，50 万元的贪污案已经算不上大案了。

从上述回顾来看，我国《刑法》中关于"国家工作人员"的标准一直都处于变动状态，而且变化的幅度很大，变化的方向也很不稳定。所以，对于广大的司法工作者来说，必须从根本上掌握国家法律变化的新标准和产生新标准的社会原因以及法律变化的理论基础。只有这样，才能使我们处理的每一个案件都经得起历史的考验，使每个被告的人身权利得到切实保障。

1998 年 10 月

以股权转让形式实现土地使用权转移及《刑法》第228条存废问题之思考

导语： 以股权转让形式实现土地使用权在自然人主体意义上的实质性转移。该行为的意思表示真实，也不违反国家法律、行政法规的强制性效力性规定，应属有效合同；依照罪刑法定原则更不构成非法倒卖、转让土地使用权罪；由于党的十八届三中全会已经决定解禁集体土地的流通限制，要建立"流转顺畅"的产权保护机制，因此《土地管理法》《城市房地产管理法》等行政管理性法律法规均应该进行修改，《刑法》第228条所保护的客体对象已基本不存在，运用现代民事制裁和行政制裁的方法足以维护市场秩序，故《刑法》第228条已经没有存在的必要，应该予以废止。

在以公有制为主体的社会主义国家，资本总是会被不可避免地打上原罪的烙印。党的十八届三中全会明确提出要确立市场在资源配置中的决定性作用，因此我们必须充分尊重和宽容资本的逐利性和流动性本质，必须在刑事司法改革领域首先去除资本的原罪意识或者叫去原罪化。

从现代经济学角度看，资本只有最大限度地流动才会产生最大化的市场价值，才会最终推动生产力发展，资本流动越快带来的价值就越高。而作为上层建筑的法律必须最大限度地促进资本的流动而不是抑制，否则就会阻碍生产力发展。

土地使用权是一项重要的生产资料，也是公司法意义上的重要资本表现形式。近几年来出现的以股权转让形式实现土地使用权在自然人意义上转移的民事法律行为，是现代自由市场机制催生下的新型交易现象，因其具有便捷、高效的特点而备受追捧。但在具体司法实践中却受到了种种非难，也不可避免地出现了一些急需解决的法律问题，主要有二：一是该股权转让合同的效力问题；二是转让行为是否构成《刑法》第228条非法转让、倒卖土地使用权罪问题。

这个问题在理论和实践中可谓见仁见智，甚至莫衷一是。有的在土地使用权实质性转移后新的股权所有人在开发或者建设时被规划、建设等部门以非法转让而不予行政许可；有的在转让合同履行过程中发生纠纷向法院诉讼后，在双方当事人都没有提出合同无效请求前提下被法院以合同属于以合法形式掩盖非法目的而宣告无效；有的竟然被以《刑法》第228条的非法转让、倒卖土地使用权罪追究刑事责任；最典型的是海南省国土资源部门竟然以政府文件形式明令禁止，"严禁以股权转让为名变相违规转让土地使用权"；最高人民法院认为此类股权转让协议因意思表示不真实，规避了《城市房地产管理法》的强制性规定，构成行为实质性违法，应当认定无效……

现笔者拟就此引发的法律问题探讨如下。

一、关于股权转让合同的效力问题

合同无效者所持观点即双方签订股权转让合同的意思表示不真实；同时该行为也规避了《城市房地产管理法》第38条规定，属于行为的实质性违法。最主要的社会危害结果是直接导致国家税收及相关收费的损失，因而应当认定为无效合同。

笔者认为，这种观点显然是对国家法律的扩张性或者任意性解释，其实质性出发点还是基于保护国家税收损失。特别是最高人民法院公开阐述如此观点，应该说身份意义大于理论意义，感性成分大于理性成分。但这种观点既不符合国家现行法律精神，也不符合社会未来发展走向，更不利于促进市场交易。

第一，所谓意思表示不真实之说显然是偷换概念。民法的意思表示应该只限于该民事行为主体本身而不是错位或任意扩张性解释。既然要从民法意义上探讨民事行为的意思表示是否真实，当然首先要解决民事行为主体客体定位问题。该民事行为的主体是转让股权的自然人或者法人，而客体是转让的股权而不是股权变更背后产生的土地使用权转移。

实际上，土地使用权从法律意义上根本没有发生变化。因为该土地使用权原本就是法人的，法人股权发生变化后法人本身根本没有发生任何变化，因此我们就不能说土地使用权已经发生了变化。变化的是股权，转让的还是股权。因此交易客体是股权而不是土地使用权。所以，我们只能评价股权转让行为的意思表示是否真实而不能评价土地使用权转让行为的意思表示是否真实。从股权交易的角度看根本不存在意思表示不真实的问题。因而意思表示不真实之说显然是逻辑概念的混淆。

至于说以合法形式掩盖非法目的就更牵强附会了，因为股权转让与土地使用权的实质性转移之间并不构成哲学上的形式与内容、现象与本质的关系，股权转让本身就是一种实实在在的目的而不是形式，土地使用权的最终转移或许称之为目的的目的而已。

第二，那么是否违反国家法律、行政法规的强制性、效力性规定呢？答案仍然是否定的。《合同法》第 52 条第 5 项所规定的导致合同无效事由是"违反法律、行政法规的强制性规定"。《最高人民法院关于适用〈中华人民共和国合同法〉若干问题的解释（二）》（以下简称《合同法司法解释（二）》）进一步明确为："效力性强制性规定。"

我们注意到，实际上对于国有出让土地方面而言，违反的法律就是指《城市房地产管理法》第 38 条，除此之外再没有任何法律和行政法规对国有出让土地在二级市场进行交易作出过其他限制。

如果在最高人民法院没有出台《合同法司法解释（二）》之前，说这种行为违反了《城市房地产管理法》第 38 条属于违反法律的强制性规定还勉强合理的话，那么在《合同法司法解释（二）》出台之后就完全没有合理性了。我们不论从哪个角度都不能将该条款定位成效力性条款，更何况该第 38 条本身是否属于强制性规定也并非完全没有争议。

更为重要的是，《城市房地产管理法》颁布生效于 1994 年，距离现在已经过去了将近二十年时间，当时国家尚处于计划经济主导的时代，立法的指导思想及国家整体政策走向和现在相比已经发生了很大变化。特别是按照党的十八届三中全会精神衡量，可以说该第 38 条本身存在的合理性也已经失去。

第三，至于该行为会导致国家税收损失的问题则更是一种执法理念错位。一则世界上任何一个国家税法都承认允许合理避税行为，我国税法自然也不例外，这是由税法立法本身的特殊性所决定的。更何况税收问题并不难解决，如果认为这种避税行为会导致不公平或者国家税收大量不合理流失，完全可以以行政立法或者税收政策的形式解决，这非常容易。

通过股权转让形式实现土地使用权的最终转移，与正常形式下的土地使用权转让相比较而言可能会给国家带来一定的税收损失，但是我们不能忘了采取股权转让形式实现土地使用权转移在实践中只适用于少数股权单一，公司财产构成也单一的情形。而对于大多数公司来说则是无法实现的，因此这属于特例而非通例；更为重要的是，根据《税法》规定，股权转让本身也必须缴纳企业所得税、20%的个人所得税和印花税而不是不交税。只是由于该行为直接在工商行政管理部门登记，因税务部门不知道而导致很多都没有缴纳而已。这种损失属于行政管理缺位造成，完全可以通过加强税收征管来弥补，而不是因噎废食宣告转让行为无效。说到底，最终所导致的只是税率差异，而非绝对税收损失。

二、股权转让行为是否构成非法转让、倒卖土地使用权罪

合同效力出现争议应属于正常学术争论范畴，而追究刑事责任就属于明显的张冠李戴、欲加之罪了。罪刑法定乃最基本的刑罚原则。"法无明文规定不为罪，法无明文规定不受处罚。"保障罪刑法定原则之实现，《刑法》还确立了不得类推原则。应该说，在《刑法》允许类推前提下，将这种行为类推为非法转让土地使用权罪尚有一定合理性，而在《刑法》完全否定类推原则后就没有丝毫合理性可言了。

因为《刑法》规定的是"以牟利为目的，违反土地管理法规，非法转让、倒卖土地使用权，情节严重的"。而我们认定的犯罪行为竟然是"合法转让公司股权的行为"，这怎么能叫罪刑法定？法律要求的犯罪行为是"土地使用权转让行为"，客观现实却是该土地的使用权主体并没有发生变化；法律规定的是以牟利为目的，而股权永远是一种不稳定的财产权利，股价的涨和跌、盈与亏永远都在瞬间变化中，牟利目的无法判定。

法律是对现实生活的高度抽象与概括，并非密不可测的玄学，因而美国法律将是否构成犯罪的重大权利交给陪审团，而陪审员都是普通老百姓，而非法律专业人士。所谓以合法形式掩盖非法目的解读完全是主观神秘主义表

现而已。

从刑事立法角度看，刑法永远无法对尚未发生过的事实立法处罚。尽管在立法的时候尽可能具有超前性，但实际上刑事立法永远落后于现实。非法转让、倒卖土地使用权罪设立之初就具有明显的计划经济时代痕迹，那个时候还根本没有出现过这种转让形式，也自然不能用二十年前的刑法条款惩罚二十年后新出现的行为。如果这种行为确实具有严重的社会危害性需要以刑事处罚的方法制裁的话，也必须先立法后处罚。

从理论上看，构成犯罪一般应该具有三个方面的前提条件。一是法意，也就是社会危害性；二是用刑事处罚足以遏制犯罪；三是用民事、行政制裁无法消除社会危害。而这种新行为可以盘活沉淀资本，促进资本合理流动，进而促进资本的保值增值，完全符合资本的逐利性和流动性特征，会给社会带来益处，并不存在明显的社会危害性。如果在客观上确实导致了国家税收的相对减少，也属于国家利益的合理受损，我们也不能以国家利益代替社会利益，国家利益、社会利益、民族利益永远都不应任意混淆。

三、关于《刑法》第228条之存废问题

如果说《刑法》第228条在立法之初确实具有合理性并在维护土地市场秩序方面起到了一定积极作用的话，那么改革开放到今天，特别是党的十八届三中全会召开后，中央已经确立了市场在资源配置中的决定性作用原则，这个罪名已经完成了其特定的历史使命，应该退出历史舞台了。

第一，从立法本意来看，根据《最高人民法院关于审理破坏土地资源刑事案件具体应用法律若干问题的解释》，非法转让、倒卖土地使用权罪的侵犯对象为基本农田、耕地、其他土地三类。应该说主要打击对象是非法倒卖、转让基本农田和耕地的行为，因为这两类土地属于集体所有，使用权人基于身份关系而无偿占有使用，没有给国家缴纳任何有偿使用费，不属于完全意义的物权，因此国家法律禁止转让、抵押、出租，限制流通，一般不允许进入二级市场。而出让性质的国有土地，使用权人已经缴纳了土地出让金，属于有偿使用，具有完全意义的物权性质，作为一种重要的生产资料，从促进市场发育的角度应该鼓励进入二级市场交易而非限制。

然而在司法实践中，最终被追究刑事责任的案件大多数恰恰是出让国有

土地的，而那些在农村地下市场大量变相交易集体土地的行为却很少被追究刑事责任，出现了立法与执法结果的严重错位。从这个意义上看，《刑法》第228条并没有实现立法初衷而在实践中被扭曲，因此也没有存在的价值。

第二，党的十八届三中全会已经决定农村集体土地限制流通政策解禁，鼓励农村集体所有土地进入流通领域，这就意味着今后也可以进入二级市场交易。这种情况下《刑法》第228条立法的时代背景已经不存在，法律所要保护的秩序规定本身已经没有存在价值，因此该罪存在的前提已经基本不存在，该罪也自然应该予以废除。

第三，《刑法》第228条还要保护的一个秩序性法律条款便是《城市房地产管理法》第38条。该条对出让国有土地进入二级市场交易所设定的两个条件本身也具有明显时代特征。当时中国的房地产业刚开始起步，整体价格空间非常大，为了防止投机性炒作，非法囤地，完全有必要设定一些刚性条款进行限制。但在二十多年后，房地产业本身已经进入开发过剩时代，早已是一个成熟行业，当时所顾虑的前提已经基本不存在，因此保护该第38条的价值也已经失去。

第四，从保护对象来说，《刑法》第228条是用最严厉的刑法手段保护《土地管理法》《城市房地产管理法》等管理性法律实施。这些法律本身具有管理型政府的显著特征，不具有服务型政府的特征。党的十八届三中全会后政府的职能将会发生根本性变化，因此以政府为执法主体的这些管理性法律将逐步退出历史舞台。我们如果把《土地管理法》和《城市房地产管理法》中的"管理"两个字去掉，也就根本没有用刑事手段保护的价值了。

第五，从终极法律意义上看，土地使用权是一种用益物权，也是一种重要的生产资料，属于私权范畴。从保护物权的角度使用权人应该享有排他的权能，因此法律应该保护其最大限度地行使权能，除非为了公共利益之需要，就不应该以公权干预，否则这种物权就是有缺陷的、不完整的。而《刑法》第228条显然是一条限制物权行使的阻碍性条款，也应该废除。

第六，党的十八届三中全会决定要完善产权保护制度，要"健全归属清晰，权责明确，保护严格，流转顺畅的现代产权制度"。如果《刑法》还留下非法转让、倒卖土地使用权罪，实现"流转顺畅"的产权制度就是一句空话。从执法严肃性的角度看，就会给一些违法乱纪者留下一个活口子。尤其是在现代司法环境之下，从立法原理看，如果能够以民事、行政制裁手段解决的问题就一定不能采用刑事制裁手段解决。

总之，现在到了废除"非法转让、倒卖土地使用权罪"的时候了。

2013 年 11 月 30 日

在宁夏律师协会吴忠市分会
成立大会上的发言

尊敬的各位领导、各位来宾、各位同人，大家好！

在这千里冰封、万里雪飘的北国初冬季节，塞上明珠吴忠市的全体律师同人却迎来了惠风和畅、姹紫嫣红的春天。

首先，我代表吴忠市的全体律师向今天前来参加会议的各位领导、各位嘉宾表示衷心的感谢和真挚的敬意！

同时，我也深深地感谢吴忠市全体律师同人的信任和各位领导的厚爱，推举我担任宁夏律师协会吴忠分会的会长。盛名之下，我深感其实难副。

吴忠律师界，人才济济，强手如云，既有德高望重、经验丰富的前辈；也有学有所长、成一家之言的同辈；更有后来居上、锐气凛然的新秀。作为会长只不过是这支队伍中能够平衡和推动各种力量以最大限度、最高效率服务于社会的一个比较合适的支点而已。担任会长绝不是对我个人学识和才能所作的一个鉴定，更不是给我作为一个律师所贴的标签。

既然是一个支点，我想最大的忌讳莫过于把这个头衔看成一种可以炫耀的荣誉和光环。支点的含义就是要承受各种压力，但又处在底层而不易被展示。因此，我们全体理事的第一个理念就是：不论是作为一个律师还是一个律师协会理事会成员，就必须努力做到具有"上善若水，厚德载物"的品质，就必须具有能够承受各种压力的心态，如果没有这种心态，你就不可能成为一个好的支点。

既然是一个支点，就应当具有丰富、宽广的包容性，这是我们全体理事的第二个理念。律师是一个特殊的群体，律师业又是一个非常特殊的行业。一个优秀律师所具备的品质和一个好的律师事务所主任、一个合格的行业协会领导所具备的品质是绝不能等同的。有时，它们之间还有着很大的差距。

一个没有极强包容性的支点，绝不可能成为一个有力的支点。

既然是一个支点，就必须有一种奉献和牺牲精神，这是我们全体理事的第三个理念。律师协会作为一种行业协会，虽然属于群众社团组织，但它又与法学会等其他社团组织不同。律师协会属于行业管理协会，具有很强的管理职能，而其他协会没有这个职能。因此，日常工作的业务量非常之大。

协会的每位领导成员，必须要花费大量的时间和精力来处理这些事务，协调好各方面的关系。律师业是一个"寸时寸金"的行业，做这些大量繁杂的服务工作，付出了时间，就等于减少大量经济收入。短时间内图新鲜容易，但时间长了绝非易事。很难想象一个视金钱如生命的人会舍弃大量经济收入来无偿为大家服务。所以，没有无私的服务、奉献和牺牲精神，就不可能做好这个支点。

实行"两结合"的管理体制是我国律师管理制度改革的重大举措，是顺应中国加入 WTO，按照 GATS（服务贸易总协定）规则实现与国际接轨的根本要求。

多年来，在单独行政管理框架下，律师之间、律师事务所之间缺乏必要的沟通和理解，再加上传统文化中"文人千古相轻"思想的影响，为了争业务，各自为战、相互拆台、相互诋毁，甚至发展到在法庭上反唇相讥，进行人身攻击。把合理有序的市场竞争演变成了个人之间的对立和攻击，最终降低了律师在社会上的威信，使律师业的整体市场萎缩，最终受害的是全体律师。因此，今后作为律师行业协会管理的首要任务是要为广大律师的相互沟通、理解和信任建立一个平台，化解矛盾，增强信任，实现文明竞争，提高全体律师的社会威信，这是我们要做的第一件事。

我们要做的第二件事是开拓法律服务市场。与发达地区相比，吴忠市的法律服务市场还很窄、很幼稚、很不规范。这首先受制于本地区经济发展的水平，由于吴忠市的经济总量较小，不可能产生大的法律服务市场份额。但是和全国相比较而言，吴忠市的法律市场仍然有较大的发展空间。就全国而言，初步统计，律师业务收入占 GDP 的比例至少在千分之一，而宁夏约占千分之零点四，吴忠市则更低一点。从这个数字来看，应该说，我们还有较大的发展空间。因此，本届分会的第二个工作重点是拓展吴忠市的律师服务市场，只有从宏观上开拓了市场，整个行业才有发展可言，也才能为壮大吴忠市的县域经济贡献应有的力量。虽然，这是一项见效很慢的基础性工作，但我们会不遗余力地去做。

我们要做的第三件事是净化法律服务市场，崇尚诚信服务。由于我国的法律服务市场还很不规范，因此，目前的法律服务市场仍然处在转型期。特别是我们西北经济欠发达地区的法律服务市场还相对不成熟。这些问题如果不解决，或得不到有效的控制，法律服务市场就不可能健康有序地发展，每一位律师，特别是有真才实学的律师就不可能获得应有的市场份额，国家的民主法治建设就无法进行。因此，本届协会的第三大任务是要在违纪律师惩戒、净化法律服务市场和提高诚信服务方面争取有所建树。当然，全力进行律师维权更是我们始终不渝、义不容辞的职责。

我们要做的第四件事是提高律师业务素质。与发达地区相比，吴忠市的律师从人力资源的角度衡量，先天素质并不差。从宁夏律协所召开的两次论坛来看，就学术气氛和研讨深度而言，与银川相比还有一定的差距。一是求知探索的热情不高，有些律师事务所从来还没有人撰写过学术论文；二是学术探讨的领域还十分有限；三是学术探讨的层次还较浅。

律师是法律之师，没有知识上的高层次，自身的先天禀赋再好也等于零。律师应当是通才，而绝不仅仅是专才，高、精、尖的律师人才必定具有"通"的一面。因此，我们在学风上一定要正确处理好"专"与"通"的关系。所以，我们一定要形成一种良好的行风，浓厚健康的学风。律师业未来发展的最终目标是专业化、规模化和产业化，我们目前仍处在"万金油"式的原始阶段。今后，各个律师事务所必须主动引导律师开辟自己的专业研究领域，逐步向专业化迈进，开创吴忠律师工作的新局面。

各位同人，成立宁夏律师协会吴忠分会，是吴忠律师发展史上的一座重要里程碑。我和全体理事会成员，受任于开元之际，奉命于艰难之时，任重而道远。

我们要正确认识我们所处的发展水平，找准自己的定位。吴忠的律师业还处在初级发展时期，目前还没有任何一家律师事务所完成资本的原始积累，还没有任何一家律师事务所形成自己固定的市场份额。规模化、专业化和产业化还离我们有相当一段距离，至于世界上最先进的建设律师事务所共同纲领和形成律师事务所固定文化等先进管理模式和理念，对于北京、上海这些国内律师业最发达地区的律师来说，目前都还仍然属于陌生课题。任何事物的发展都有其内在的规律，人类只能顺应规律而绝不能超越规律或违背规律。我们不能好大喜功，夜郎自大，故步自封。正确认识和评价自己远比正确认识评价别人更难；发现别人的长处则更比找到别人的短处更不容易。

中国有句古话叫作"水惟善下方成海，山不矜高自极天"。一个好的律师就必须要具有这种品质。我们每一个律师都必须形成一个健康的心态和理念。中国的法律服务市场还很不完善，名气大的律师并不一定是优秀的律师，收入高则更不能说明能力和水平高；法律服务市场是一个多元化的市场，规模化律师事务所和专业化律师事务所都有生存的空间，律师事务所建设要因地制宜，符合当地客观实际，不能盲目崇尚做大。当然三人所、五人所肯定不是发展的方向。我们只有在一种正确思想的指引下，才有可能沿着正确的方向快步前进。

我希望，从今天开始，我们树立一个新的起点，全体律师在理事会的领导下，团结一致，众志成城，把吴忠市的律师事业推上一个快速发展的轨道，为吴忠市的经济建设和民主法治建设做出应有的贡献。

谢谢大家！

2003 年 11 月 19 日

共同提高　共筑和谐

——在吴忠市法官协会与律师协会《公司法》研讨会开幕式上的讲话

尊敬的各位领导、来宾，各位法官、律师同人：

在这瑞雪飘舞的北国初冬时节，吴忠市法官协会与宁夏律师协会吴忠分会共同举办"公司法律实务研讨会"，这是吴忠市民主法治建设进程中的一件大事，也是吴忠市全体法律人的一件幸事，更是构建和谐吴忠的一件盛事。

首先，请允许我代表吴忠市法官协会、宁夏律师协会吴忠分会向光临大会指导的各位领导和来宾表示衷心的感谢和热烈的欢迎！向全体参会的法官和律师同人表示良好的祝愿！

给律师群体和法官群体搭建一个共同的舞台以展示各自的风采，既有思想的碰撞又有感情的交流；既有学术的交流又有理念的融合；既有对实践经验的反思，更有前沿理论的展示，这就是我们举办本次研讨会的初衷。尽管这是第一次，但鲁迅先生说："世上本没有路，走的人多了也便成了路。"

构建和谐社会，建设法治文明，形成优良的法治文化都需要我们共同走这样一条路，而且应该走得更好、更宽、更广。

之所以需要我们共同走这样一条路，是因为律师和法官都是法律人。法律是我们共同的语言，法庭是我们共同的舞台，公平和正义是我们共同的追求，民主和法治是我们共同的信仰。

如果我们真正走出了这样一条路，我们将不再是金钱与权力的附庸，而是真理与正义的虔诚信徒；世界会因我们而精彩，社会会因我们而和谐；假如我们真正走上了这条路，我们只有义无反顾地放弃自我，走出自我，只向真理低头，只向正义屈服！

《公司法》是国家最重要的商事法律。著名学者江平教授说："现代公司制度是现代民主国家制度的缩影。"因此，准确理解和正确地掌握适用《公司法》，不仅是维护现代经济制度健康快速发展的需要，更是推进现代政治文明建设的需要。

《公司法》是反映社会客观经济规律的法律，是人类自然属性的体现，是人类经济文明发展的结晶，是保障私权实现的重要制度。同时又是人类由意志本位走向规律本位，由国家走向社会，由身份走向契约，由人治走向法治的重要标志。因此，法官、律师乃至全体社会正确地理解、掌握和实施《公司法》不仅对于维护市场交易安全，促进社会经济发展，而且对于促进民主法治建设、保障人权，从而最终使社会走向人文和谐有着极其重要的意义。

"路漫漫其修远兮，吾将上下而求索。"中国民主法治的进程还很漫长。中国法官和律师肩上的责任还非常沉重。相信我们会不辱使命，共同为国家的民主法治建设贡献力所能及的力量。

最后，祝论坛圆满成功！

祝各位法官、律师能释放出真知灼见！

2006 年 5 月

深入学习、认真贯彻好《国有土地上房屋征收与补偿条例》，切实保障民生

备受国内外关注的《国有土地上房屋征收与补偿条例》（以下简称《条例》）业经国务院第 141 次常务会议通过，并于 2011 年 1 月 21 日公布实施。这部历经近十年坎坷、磨砺、争议，事关重大民生保障的法律制度终于尘埃落定……

从法律位阶上看，由国务院制定的《条例》属行政法规范畴，位阶远低于人大常委会颁布的普通法律，更低于全国人民代表大会颁布的国家基本法律。

新中国成立以来，还从来没有任何一部由国务院通过的行政法规受到过国内外媒体、民众如此高度强烈的关注；能够征求到如此多的立法建议。可见这部法律对于目前我们国家和民众的重要性、迫切性；更可见这部法律的现实意义之重大。

为了使这部法律能够得到真正的贯彻执行，中纪委于今年 3 月 25 日专门发文，要求各级纪、检监察机关对《条例》的贯彻执行实施严格监督……

改革开放三十多年来，中国经济得到了高速发展，中国的综合国力也大大提高，这是有目共睹的。

2011 年 3 月，十一届全国人大第四次会议根据中共中央的建议，审议并通过了"十二五"规划纲要。今后，按照纲要的指导，国家要实现从根本上改变经济发展的方式，更加注重经济发展的质量，更加关注民生，最终实现经济社会发展的重大转型。

一代名相管仲云："仓廪实而知礼节，衣食足而知荣辱。"任何一个国家，在经济社会得到高速发展，百姓生活水平得到一定提高后，广大人民群众便开始更加注重自身权利的保护，特别是对私有财产安全的保护。

而一个国家要实现从根本上强大，终极标准是要实现民富而国强，而不是国富民穷；最根本的力量来源于国家的创新能力，而非对资源的消耗、廉价劳动力的供给及对私有财产的无偿或低价占有……

一个对私有财产不能实现依法严格持续有效保护的国家，是不可能产生强大的创新能力的。因此，保障私有财产不受侵犯，实际上就是在保障和培育国家整体的创新能力。很难想象，在一个私有财产被国家或者政府任意、无节制侵犯的国家会产生强大的社会创新能力。

《条例》正是在我国经济社会处于转型时期应运而生的一部保障私有财产不受侵犯的重要法律。这部法律的正确顺利贯彻实施，将对国家保障公民私有财产不受侵犯，将对保障人权，将对提升我国整体民族创新能力产生深远而重大的意义。

我国由于实行生产资料公有制，特别是土地资源作为不动产物权的公有制，导致了不动产物权制度的法律规定及理论非常复杂。对于大多数非专业人员来说，是比较陌生的。即便是法律业内人员，能够真正领会该部法律精神实质也非易事。为了使这部关乎重大民生的法律得到学习、贯彻、执行，笔者将自己学习理解这部法律的体会整理成文，已尽微薄之力。

一、《条例》的立法渊源

如前所述，凡涉及国家对征收法律制度的设立，本不是行政法规的立法权限。因此，由国务院立法制定国家征收制度，如果得不到法律的授权，其立法行为本身就是非法的。

《宪法》第10条规定："国家为了公共利益的需要，可以依照法律规定对土地实行征收或者征用并给予补偿。"

《宪法》第13条规定："国家为了公共利益的需要，可以依照法律规定对公民的私有财产实行征收或者征用并给予补偿。"

《物权法》第42条规定："为了公共利益的需要，依照法律规定的权限和程序可以征收集体所有的土地和单位、个人的房屋及其他不动产。"

《立法法》第8条也同样规定，对非国有财产的征收制度设立，属于"法律规定"的权限，而不是"行政法规"的权限。

因此，设立国家对集体所有的土地和公民个人所有的私有财产征收制度，按照正常立法程序，本应该由全国人大制定"征收征用法"来解决。

但是，按照《立法法》的规定，由全国人大制定一部法律，一般都需要几年时间。而近几年来，因违法拆迁问题导致的社会矛盾急剧上升，危害后果也急剧扩大，党和政府的威望也因此受到严重影响。

单从法律根源上看，造成近十年来我国暴力拆迁事件屡禁不止、愈演愈烈的一个原因，就与2001年6月13日颁布的《城市房屋拆迁管理条例》有关。

这部法规从诞生时就缺乏法律授权。加快建设社会主义民主法治国家，保障"十二五"规划顺利实现，必须尽快终结这部本身非法的法规。因此，2010年北京大学五教授联名上书全国人大，要求废止这部本身非法的法规……

尽快制定程序、实体内容合法科学的征收法律制度，从立法程序上，最便捷的办法就是由全国人大授权国务院制定"新拆迁条例"，也就是现在的《国有土地上房屋征收与补偿条例》。

为了使新《条例》的诞生具备合法的程序性基础，全国人大常委会及时修改了《城市房地产管理法》，并在该法的第6条规定："为了公共利益的需要，国家可以征收国有土地上单位和个人的房屋，并依法给予拆迁补偿，维护被征收人的合法权益；征收个人住宅的，还应当保障被征收人的居住条件。具体办法由国务院规定。"

这就从立法程序上为国务院制定该《条例》进行了授权。新《条例》诞生程序上完全合法，没有法律障碍。

尽管《条例》只有五章35条，文字含量本身不大，但是内容却非常丰富。笔者从以下五个方面进行综合分析说明。

二、征收必须以公共利益为前提

2001年《城市房屋拆迁管理条例》在法律制度上存在的最大问题是，政府在没有实施征收的前提下就许可进行拆迁；更为严重的是，拆迁根本不区分公共利益和非公共利益，导致大量的商业利益却由政府许可实施拆迁。因此，新《条例》首先要解决征收的法定程序以及公共利益与非公共利益的界定问题。

《条例》第2条明确规定："为了公共利益的需要，征收国有土地上单位、个人的房屋，应当对被征收房屋所有权人给予公平补偿。"

这就从立法上非常明确地确立了征收必须以公共利益为前提的原则。换言之，如果不是为了公共利益，则绝对不能实施征收行为，而是由房屋所有权人和土地使用人之间实施平等主体之间的民事交易，政府不得介入。而在《城市房屋拆迁管理条例》中，通篇只字未提"征收"由政府实施许可拆迁，程序明显不合法。这是新旧规定在制度设置上的根本区别。

（一）什么是公共利益

对于新《条例》来说，第一大亮点就是国家法律第一次对公共利益作出了法律界定，真可谓"千呼万唤始出来"。

早在2007年《物权法》立法时，公共利益的界定就是一个备受关注、备受争议、备受期盼的问题。然而，最终的立法结果令公众大失所望，《物权法》最终仍然没有对公共利益作出明确界定。

从国际立法的成熟经验来看，对公共利益进行法律界定，通常采取的办法，一是大陆法系以德国为代表的概括式和以日、韩为代表的列举概括式以及排除式；二是英美法系的判例式。

在英美等发达国家，是否属于公共利益，采取个案由法官进行判决的办法。由于发达国家的司法裁决具有很高的权威性，因此无论何种案件，也无论该案在是否属于公共利益的问题上社会争论有多激烈，只要法官作出终审判决，即可尘埃落定、定分止争。因此，《条例》对公共利益进行了概括列举式的界定，这是符合中国国情的。

《条例》第8条规定："为了保障国家安全、促进国民经济和社会发展等公共利益的需要，有下列情形之一，确需征收房屋的，由市、县级人民政府作出房屋征收决定：

（一）国防和外交的需要；

（二）由政府组织实施的能源、交通、水利等基础设施建设的需要；

（三）由政府组织实施的科技、教育、文化、卫生、体育、环境和资源保护、防灾减灾、文物保护、社会福利、市政公用等公共事业的需要；

（四）由政府组织实施的保障性安居工程建设的需要；

（五）由政府依照城乡规划法有关规定组织实施的对危房集中、基础设施

落后等地段进行旧城区改建的需要;

(六)法律、行政法规规定的其他公共利益的需要。"

对于上述法律规定进行正确全面理解,笔者认为应该从以下几个方面把握。

1.首先,对于公共利益的界定,应当遵循国际通行的趋势和原则。

目前,从国际通行的趋势来看,不论是英美法系还是大陆法系,都趋向于将公共利益范围的外延放宽而不是收紧,也就是理论上所谓的"公共利益扩大化"问题。

从美国辉瑞制药公司征收案,到德国奔驰汽车公司征收案,不同法系的法官们把一些明显具有商业利益的项目划入了公共利益范畴。其根本理论基础是,这些项目虽然具有明显的商业利益性质,但是在特定历史时期和特定地域内,这些商业利益项目的实施,会产生诸如提高就业,增加税收,振兴当地脆弱、落后经济的作用,而且这种作用的效果明显大于商业利益本身。

我国现阶段仍然属于发展中国家,振兴和发展经济仍然有很长的路要走,因此对于公共利益的界定自然不能限制过严,否则不利于经济社会的发展。

2.要准确理解"确需"的含义。

在遵循国际通行趋势与原则的前提下,同时又必须防止对"公共利益"界定的任意扩大化。

尽管从大环境上看,我国属于发展中国家,不能对公共利益界定过严,但我们又毕竟是刚刚从无序、任意和扩大化的征收制度开始向一种有序、法定的新制度转变。这种适应还需要经过阵痛,因此"矫枉必须过正"。切不可把《条例》第8条所规定的公共利益范围变成无所不包的"口袋"。

为此,《条例》在立法时明确进行了前提性的限制。那就是,只有当公共利益"确需"实施征收的才可以征收;如果不是"确需",即便是公共利益需要,也不能实施征收拆迁。大多数读者都不太注意"确需"这两个字的现实意义。

"确需"所表达的第一层含义是,并不是所有的公共利益都应该实施征收,而是只有在公共利益"确需"征收时,国家才可以征收。例如,如果公共利益通过民事买卖行为就可以实现建设需求的,那就没有必要进行征收。

"确需"的第二层含义是一个理论问题，就是所谓的"比例原则"。

比例原则是行政法上的一个重要原则，是指行政主体在实施行政行为时应该兼顾行政目标的实现和保护相对人的权益两个方面，而不能只考虑行政目标的实现。如果行政目标的实现可能对相对人的权益造成不利影响，则这种影响应该被限制在尽可能小的范围和限度内，二者有适当的比例。换句话说，用正在起草的《征收征用法》的表述就是："且无其他方法替代的"更直观明白一些。

比例原则着眼于法益的均衡，以维护和发展公民权利为最终归宿，是行政法控制自由裁量权行使的一项重要原则。

这就要求相关部门在出具"公共利益论证报告"时、政府在决定征收时、法院在进行公共利益认定裁决时，必须充分考虑征收行为给被征收主体造成的影响和损失应该是最小的，比例应该低于征收行为对公共利益形成的效益本身。

3.关于第（一）项"国防和外交需要"。

可以说，此项即便不写入《条例》，其公共利益性质也没有任何争议，而且文字含义上也不需要做过多解释，很容易理解。

4.关于（二）（三）项由政府组织的"基础设施建设"需要和"公共事业"建设需要的理解。

对这两项的法律含义理解可以说也没有太大的问题，更没有太多的争议。

这两项在实践中可能发生争议的应该有三个方面：一是采取 BOT 模式建设的基础设施项目；二是私立学校建设项目；三是营利性医院建设项目。因为这三种情况都具有明显的商业利益性质，是否都可以划入"公共利益范畴"在实践中可能会产生争议。

笔者个人认为，对于上述三种情况是否属于公共利益不能简单地一概否定或者一概肯定，而是要根据具体项目的特殊性来进行界定。

从法律设定的前提来看，前提都要求必须是"由政府组织实施"。如果这三类项目不是由政府组织实施的，当然不能列入"公共利益"范畴。

但需要注意的是，在现实生活中，几乎所有的建设项目都处在政府的管理之下，因此什么叫"由政府组织实施"，概念本身含糊不清。所以，必须充分地运用比例原则来进行判断。

5. 关于"由政府组织实施的保障性安居工程建设"。

本项第一稿的表述是"为改善低收入住房困难家庭居住条件而建设的廉租住房、经济适用房等"。

最终的立法结果还是扩大化了。按照现行政策,保障性安居工程主要包括五个方面:廉租住房、公共租赁住房、经济适用房、限价商品房、棚户区改造。

廉租住房和经济适用房的范围相对较窄,认定为公共利益应该没有问题。而限价商品房和棚户区改造建成房屋的范围就非常宽泛了。因为限价的幅度是可变的,国家为了调控房地产市场所实施的诸多政策中本身就有限价措施,只要政府象征性地对房屋销售价格进行限制,甚至限价的结果很可能就是房地产企业正常的一个促销价格,那就可以堂而皇之地将项目归入限价房屋范围了。

另外,棚户区改造的范围则更加宽泛。因为法律并没有规定棚户区改造征收后该片土地上究竟允许建设什么样的建筑物。商品房、商业网点房应该都可以。甚至建成商品房后被征收人是不是一定必须回迁?如果不一定必须回迁,就彻底变成了房地产开发商赚钱的纯商业利益项目了。

6. 关于"旧城区改造"。

尽管安居工程建设的范围较宽,通过人为操作可以实现公共利益的扩大化,但是毕竟还有一个界限,而"旧城区改造"就几乎没有限制了。因为该地段"危房是不是集中,基础设施是不是落后"根本就没有标准,可以说几乎所有的项目都可以归入其中。

7. 关于"兜底条款"。

第六项是一个兜底条款"法律、行政法规规定的其他公共利益的需要"。对兜底条款的理解应该说注意一个原则就可以了,那就是,只能限于法律和行政法规的范围之内,不能任意扩大。

8. 现实的主要矛盾是补偿标准而非公共利益。

尽管对公共利益的界定争议最多,影响也最大,但笔者认为,现实中引发矛盾甚至产生血案的主要问题并非是否属于公共利益的问题,而绝大多数是补偿标准问题。

就全世界而言,典型案例中所出现的关于是否属于公共利益问题的数量并不多。在我国所发生的典型案例中被征收人因为认为不属于公共利益而拒绝征收的极端案例也非常少。或者通俗地说，绝大多数的"钉子户"都是因为补偿标准太低而成为"钉子户"的，并非认为不属于公共利益征收错误而成为钉子户的。

因此，通常情况下，只要能够给被征收人以公平、合理的补偿，绝大多数人是不会拒绝拆迁的。在我国的征收行为中，最突出的矛盾并非是否属于公共利益的问题，而是补偿标准过低的问题。

（二）公共利益界定的主体与程序

在解决了什么是公共利益之后，第二个要解决的就是公共利益究竟由谁说了算？以何种程序说了算？

在各国的征收制度中，公共利益由谁来定？以什么样的程序来定？都是至关重要的法律问题。《城市房屋拆迁管理条例》中没有确立征收制度，拆迁不区分公共利益与非公共利益，拆迁许可证由政府颁发，拆迁决定权由政府行使，而且可以先行强制拆迁后补偿。

尽管《城市房屋拆迁管理条例》也规定了对于是否可以拆迁的问题法院有司法审查权，但由于在程序设置上审查行为在拆迁行为之后。此时，绝大多数被拆迁房屋已经被拆除，只剩下个别"钉子户"提起行政复议或提起诉讼，司法审查程序形同虚设，并没有任何实际意义。

新《条例》在公共利益的界定主体和程序上进行了科学的改进和规范，并且将司法审查程序设置在政府决定征收的前期，具有非常重要的积极意义。但存在的问题是，立法逻辑上比较混乱，主体比较隐晦，导致具体操作上仍然存在非常多的困难。

从整体立法的逻辑上进行归纳，《条例》在界定主体上确立了以下模式。

政府、地方人大、公众参与以及复议、司法程序。

1. 政府。

《条例》第8条："为了保障国家安全、促进国民经济和社会发展等公共利益的需要，有下列情形之一，确需征收房屋的，由市、县级人民政府作出房屋征收决定……"

《条例》第9条："依照本条例第八条规定，确需征收房屋的各项建设活动，应当符合国民经济和社会发展规划、土地利用总体规划、城乡规划和专项规划。"

2. 地方人大。

《条例》第9条："保障性安居工程建设、旧城区改建，应当纳入市、县级国民经济和社会发展年度计划。"

按照《地方各级人民代表大会和地方各级人民政府组织法》第8条规定，人大审查和批准本行政区域内的国民经济和社会发展计划、预算以及它们的执行情况的报告；

按照第44条规定，人大常委会根据本级政府建议，决定对本行政区域内的国民经济社会发展计划、预算的部分变更。

3. 公众参与。

《条例》第9条第2款："制定国民经济和社会发展规划、土地利用总体规划、城乡规划和专项规划，应当广泛征求社会公众意见，经过科学论证。"

《条例》第10条第2款："市、县级人民政府应当组织有关部门对征收补偿方案进行论证并予以公布，征求公众意见。征求意见期限不得少于30日。"

《条例》第11条第2款："因旧城区改建需要征收房屋，多数被征收人认为征收补偿方案不符合本条例规定的，市、县级人民政府应当组织由被征收人和公众代表参加的听证会，并根据听证会情况修改方案。"

根据上述规定可以看出，目前尚存在的问题如下。

——"多数"是指多少？

——被征收人与公众代表的比例如何确定？

4. 复议、司法。

《条例》第14条："被征收人对市、县级人民政府作出的房屋征收决定不服的，可以依法申请行政复议，也可以依法提起行政诉讼。"

引入司法审查来最终确定是否可以征收的制度，符合第三方中立裁判的国际司法审查原则。这应该是《条例》在制度设置上的一大突破。但是这一制度真正得到有效的贯彻执行仍然有非常坎坷的路要走，甚至可以说这还是一条非常艰难的路。我们需要从以下几个方面理解。

第一，审查什么？

不论是行政复议还是行政诉讼，首要解决的问题就是审查什么。从法律逻辑的角度看，既然是对房屋征收决定不服而审查，那就意味着对房屋征收决定的所有实质性内容都可以审查。至少应该包括两个主要内容：（1）是否属于公共利益可以征收？（2）补偿标准是否得当？

第二，法院受理时的级别管辖如何确定？法院受理的条件如何设置？

第三，既然是行政诉讼就必须遵守《行政诉讼法》所规定的程序，就有可能出现二审甚至发回重审程序，更有可能发生再审。如果所有的诉讼时间大大超过《房屋征收决定》规定的期限如何办？

第四，《行政诉讼法》第44条规定："诉讼期间，不停止具体行政行为的执行。"

在征收案件行政诉讼审查中是否也应该不停止执行？如果不停止的话由谁来执行？因为《条例》已经不允许行政强拆，行政机关自己已经没有权利执行，而法院没有生效的法律文书当然也不能执行。

第五，如果该征收项目早在市县级"两会"的《国民经济和社会发展规划》中已经通过，法院是否有权否定？

这些至关重要的程序性问题不解决，司法审查制度就难以落实，迫切需要制定司法解释来规范解决。

（三）公共利益何时开始确定

1.《国民经济和社会发展规划》——编制部门及发展改革部门在前期征求意见；

2.《土地利用总体规划编制审查办法》——编制前征求意见；

3.《城乡规划法》——编制前征求意见；

4.《条例》——征收前征求意见。

确定公共利益的时间同样是极其重要的问题，新《条例》及所涉及的相关法律、政策将时间均确定在征收行为的开始无疑是科学的。

（四）非公共利益拆迁如何办理

1. 非公共利益如果实施拆迁，只能由开发商与所有权人进行平等主体之间的谈判，实施民事转让行为；

2. 当然，非公共利益拆迁中也有一定的行政性质，这种行政性质如何体现是今后在实践中需要注意的问题。

三、征收必须以公平补偿为前提

拆迁必须给予公平、足额补偿，必须保证被拆迁人在被拆迁后生活标准不能下降，财产份额不能减少。上述密切关怀民生的法律、政策内容在《物权法》及国务院的28号文件中早就有非常明确的规定，问题的关键在于，上述规定自颁布之日起一直得不到真正的贯彻执行。

《条例》继续将上述原则作为一项特别法律规定加以明确，希望在今后的执行中能够得到真正的贯彻执行。

（一）关于补偿范围问题

政府给被征收人补偿什么？直接关系到补偿标准和补偿结果，也可以说直接影响被征收人是否同意征收的问题，《条例》规定了三种应该补偿的内容。

（1）被征收房屋的价值；

（2）因征收而发生搬迁的搬迁费、临时安置补偿；

（3）因征收导致经营停产、停业的损失。

以上三项属于法律明确规定必须进行补偿的内容。但是不是所有被征收的建筑物都必须按照上述内容进行补偿？当然不是，在拆迁实践中出现的很多问题往往不是补偿的内容，而是有些建筑物虽然被拆迁，但是不一定得到补偿，或者得不到期望的补偿的问题，此方面主要存在以下三个问题：

第一，违法建筑原则上不补偿。

违法建筑的补偿问题一直是实践中争议比较大的问题，也是矛盾比较集中的问题。不论过去还是现行规定，违法建筑都不予补偿，但在实践中又往往不是简单的一句不予补偿就可以解决的。

《条例》第24条第2款：政府在征收前"应当组织有关部门依法对征收范围内未经登记的建筑进行调查、认定和处理……对认定为违法建筑和超过批准期限的临时性建筑的，不予补偿。"

《条例》第16条："房屋征收范围确定后，不得在房屋征收范围内实施新建、扩建、改建房屋和改变房屋用途等不当增加补偿费用的行为；违反规定实施的，不予补偿。"

"违法建筑"并不是一律不予补偿？因此我们说"原则上不补偿"，在实践中应该注意把握以下几个问题。

首先，认定违法建筑不能简单地只看有没有证照，不能把没有证照的一律按照违法建筑处理。

其次，在处理违法建筑的实践中有如下几种做法可以借鉴。

第一种：

根据规定，拆除违法建筑和超期临时建筑的一律不补，这是最简单和机械的办法，实践中不提倡。

第二种：

A. 80年代以前建成的违章建筑均予以认定，按照合法建筑进行补偿。

B. 同时应该注意，相关部门对违章建筑的罚款不代表已经承认其合法，仍必须补办手续后才为合法。

C. 2年内的临时建筑均承认，2年后的一律不予补偿。

第三种：

有证的按证认定（包括宅基地证）；

无证的按相关批文认定；

无证、无批文的按照有权批准部门的证明或原允许建造面积的有关文件（如农村建房，有的地区直接以文件整体规定每人20平方米）认定。

上述所列材料文件都没有的，一律认定为违法建筑。

第四种：

对于符合下列情形的无证照房屋，可以参照有证照房屋予以补偿。

A. 被征收人在同城市范围内没有有证房屋，也没有其他住房的；且本人现就在该无证照房屋内居住，户口也在该无证照房屋辖区内的。

B. 无证照房屋是指未经产权部门登记，或者未经规划部门办理建房手续而建设的。如果已经实际使用五年以上，或者在1990年《城市规划法》颁布以前建设的，可以给予补偿。

总体原则：只要从民法上具有合法来源或者说属于合法所得的，都应该给予补偿。

第二，土地使用权是否可以单独进行补偿？

《条例》第 19 条第 1 款："对被征收房屋价值的补偿，不得低于房屋征收决定公告之日被征收房屋类似房地产的市场价格。"

既然是市场价值，理论上当然包括土地使用权的价值，否则就不可能实现公平、足额补偿，也无法保证拆迁后财产不能减少。

因此，《土地管理法》第 58 条，《城市房地产管理法》第 20 条，《物权法》第 148 条都规定了对土地使用权给予补偿。

2011 年 6 月 3 日，住房和城乡建设部颁布《国有土地上房屋征收评估办法》，该办法第 14 条已经明确规定对被征收房屋的评估包括所占土地使用权的价值。

实践中容易出现的问题如下。

其一，尽管《条例》明确规定的三项补偿范围中，没有写土地使用权价值，但土地使用权价值应该包括在"房屋价值"中。

其二，既然《条例》没有把土地使用权单独作为补偿项目，那么土地上没有建筑物的"空地"如何补偿？笔者认为，如果是单独的空地，应该进行土地使用权价值评估；如果地上有建筑物，建筑物价值自然会与土地使用权价值一并评估。

其三，同样，《条例》对于装修费也没有单独列为补偿项目，住房和城乡建设部的《评估办法》第 14 条中也已经有明确规定，可以评估予以补偿。

实际上，《条例》已经颠覆了传统的拆迁理论，也就是所谓的只补偿房屋价值，国有土地国家收回不予补偿的理论。

其四，具有文物价值的特殊材质如何补偿？这是比较麻烦的问题。例如具有文物价值的一些古建筑，笔者认为也可以采取特殊评估的办法予以解决。

第三，关于"住改非"问题。

在拆迁补偿时，还有一个比较麻烦的问题就是被征收人自己将住宅用房改为商业用房后按什么标准补偿的问题。

"住改非"是一个历史问题，其形成有一定的历史和政策成因，笔者认为不能简单地一概否定。

对此，实践中无非是两种截然不同的观点。

第一种观点，一律按照住宅对待。理由是所有权人没有经过行政许可，没有履行相关程序，改变用途本身属于非法行为，如果按照非住宅标准补偿，就等于承认了其合法性。

第二种观点是要根据具体情况区别对待，不能"一刀切"。理由是很多改变用途的行为发生在 20 世纪 80 年代，当时国家鼓励私人建房，鼓励自谋职业。工商部门发了执照，税务部门收了税收，这就等于政府部门默认，这种情况下不能把损失都推到个人身上承担；况且国家相关法律出台较晚，违法建筑建设时还没有相关法律约束，应该给予适当补偿。

实践中一般都是采取第二种办法，也就是根据情况分别对待，通常采用以下几种办法。

第一种做法：拆除临街店面房屋，凡是没有办理用途变更手续的，还是按照住宅标准补偿。但考虑到临街的因素，在新建成的商业网点可以安排其购买一间营业用房，给予 30% 以内的优惠。

第二种做法：以 1990 年《城市规划法》颁布的时间为界限，之前改变的都按照营业房补偿，之后改变的均按住宅补偿。

第三种做法：凡是《房屋所有权证》《营业执照》《税务登记证》三证齐全且合法的，均认定为非住宅。

第四种做法：有三种情况可以认定为非住宅。

一是私房自己营业的：营业部位在房屋所有权登记范围内，已经办理土地使用权变更手续，所有人、共有人或者直系亲属持有《营业执照》的，都可以按照非住宅对待；

二是私房或者单位自有房屋出租后营业的：营业部位在合法登记面积内，有租赁许可证、有与租赁许可证户名一致的《营业执照》和《税务登记证》等有效批准文件的，一律按照非住宅对待；

三是直管公房的原承租户营业的：有租赁证，租赁许可证，原承租户本人、父母、子女、配偶有《营业执照》和《税务登记证》等有效批准文件的。

（二）关于补偿对象问题

《条例》第 2 条已经明确规定补偿对象是所有权人。但是，在实践中仅仅把所有权人作为补偿对象显然是不够的，还应该考虑承租人。这应该是立法的一个缺陷，将来可以在司法解释中补充规定。

因为按照《合同法》规定，租赁合同的最长期限是 20 年，承租人对租赁物享有优先购买权。在给搬迁房屋提供临时安置用房，或者在拆迁房屋的补偿价值中已经包含有装修费的话，搬迁费、停业损失费、装修费的实际权利人往往是承租人而不是所有权人，如果都补偿给房屋所有权人，就会导致产生非常多的新矛盾，延误征收工作的进行。

（三）补偿方式包括哪些？

补偿方式是征收中非常重要的问题，《条例》第 21 条规定："被征收人可以选择货币补偿，也可以选择产权调换。被征收人选择房屋产权调换的，市、县级人民政府应当提供用于产权调换的房屋，并与被征收人计算、结清被征收房屋价值与用于产权调换房屋价值的差价。"

这里特别需要注意的问题是：应当防止被征收人买不起产权调换的房屋问题的发生。这主要是指棚户区改造中那些拆迁面积非常小的被征收人，由于自己居住房屋的面积非常小，产权调换根本不够一套新住房的面积，而被拆迁人又非常困难，增加面积部分的资金根本就负担不起。这种情况就要适当提高补偿标准，保障其得到一套保障基本生存的房屋。

同时《条例》第 18 条也规定："被征收人符合住房保障条件的……应当优先给予住房保障。"

征收实践中，只要把上述两项措施结合起来，就可以很好地解决这些问题。

（四）公平补偿的标准是什么？

公平补偿是现阶段我国征收实践中最关键、最重要的问题。如前所述，现阶段我国在住房征收中出现的大量矛盾并不是该不该征收的问题、是否属于公共利益的问题，而是征收补偿是否公平合理的问题。

因而，《条例》确定了一系列原则来实现公平补偿，如果这些原则在实践中能够得到切实贯彻执行，公平补偿问题就应该会得到解决。

第一，市场原则。

这是指补偿价值不得低于决定征收之日被征收房屋类似的市场价格。《国有土地上房屋征收评估办法》住建部已经颁布。

从政府按区域划定统一补偿价格到市场价格，这是《条例》的最大亮点之一。当然，我们需要注意的是，评估的市场价格不等于交易的市场价格，这两者之间还是有非常大的差别。因此仍需要履行征收程序，如果是完全交易的市场价格，则不需要征收而直接进行交易了。

第二，独立、客观、公正评估的原则。

实现市场价格的重要途径就是引入中介机构进行评估。

《条例》规定："评估机构应当独立、客观、公正的评估，任何单位和个人不得干预。"

为了保障评估机构能够独立、客观、公正地进行评估，《条例》第34条对评估机构的违规、违法行为规定了严厉的处罚措施。

尽管如此，笔者认为实践中仍然难以保证这个原则的真正实现。因为评估机构是由政府审批的，而且是政府的建设部门一家许可管理；现行的评估队伍数量非常庞大，甚至早已超过了律师队伍的数量，必然影响公正。

第三，评估、复核、鉴定原则。

为了最大限度保障评估结果的客观、公正，《条例》设计了评估、复核、鉴定的三级评估程序。

A. 先委托有资质的机构评估；

B. 对评估有异议的，可以申请原评估机构进行复核；

C. 对复核结果仍然有异议的，可以向房地产价格评估专家委员会申请鉴定。

第四，由被征收人确定评估机构的原则。

为了最大限度地保护被征收人利益，《条例》改变了原规定的评估机构选定一律采取抽签、摇号等随机选定的办法，改为直接由被征收人确定，实践中应该按照下列程序执行。

如果被征收人是一家的，直接由其自行选定。

如果是多家的，由被征收人在规定时间内协商选定；如果在规定时间内协商不成的，采取少数服从多数投票的办法决定，或者采取摇号、抽签等随机选定的办法。

同时必须注意，同一征收项目原则上应该由一家评估机构承担；征收范围较大的可以由两家以上承担，但是必须选定一家牵头机构，统一标准。

另外，实践中有一个问题比较难解决，那就是选定评估机构是否可以跨行政区域？这个问题《条例》没有规定，《评估办法》也没有规定。从理论上看，既然法律没有禁止就应该是允许的，但实际中如此操作比较困难，最终要看各省自己的规定。

第五，合理原则。

合理原则容易理解，主要是指房屋征收部门应当给予搬迁费、临时安置费或者提供周转用房等。

第六，住房保障优先原则。

这是一个特别性规定，是指被拆迁人如果符合住房保障条件的，应当优先给予住房保障，否则就必须按照该城市的安排顺序等待。

第七，回迁原则。

回迁原则也是《条例》的一个重要内容，是指如果被征收人选择改建地段产权调换的，应当提供改建地段或者就近地段的房屋。

回迁原则至少产生两个方面的积极效果：一是促使政府在旧城区改造项目中，在征收土地原址上应该考虑建一部分用于安置或者产权调换的住宅，而不是全部建设为非住宅建筑。二是最大限度地使被拆迁人在原区域内获得住房，减少因区位差距造成的被征收人财产额减少。

第八，公开原则。

指房屋征收部门应该建立征收补偿档案，并将分户补偿情况向被征收人公开；同时审计机构应该进行审计并公布审计结果。

公开原则是一项有争议的原则，也是政府部门不希望订立的原则，因为过于公开、过于透明，会产生很多新矛盾，影响对个别案件的特殊处理。

四、拆迁必须以征收和公平补偿为前提

从"先拆迁后补偿到先补偿后拆迁"，这是《条例》在保障民生方面的又一法律制度亮点，更是对被征收人最大限度体现人文关怀的重大举措。

《条例》主要解决了以下几个方面的问题。

（一）补偿主体是谁

征收补偿主体的改变也是《条例》的一大立法亮点，将补偿主体由拆迁企业变为政府和房屋征收部门，更能体现征收制度的科学性。在补偿主体问题上，应当解决以下几个问题。

1. 市县级人民政府是补偿主体，房屋征收部门是具体实施单位。因此，补偿协议的主体应该是政府，原则上协议不加盖房屋征收部门的印章。

2. 关于房屋征收部门的性质法律没有作规定，只是规定了由政府"确定"，给确定对象预留了一定的空间。换句话说，政府确定的房屋征收部门可以是政府的具体部门，也可以引入社会中介机构，例如上海市就直接确定律师事务所为房屋征收部门。

3. 搬迁费、安置费、周转用房三项，《条例》第22条规定直接由房屋征收部门支付，这只是对支付主体的特殊规定，补偿主体还是政府。

4. 关于补偿协议的法律性质问题尚有争议，有的学者认为是行政合同，有的认为是民事合同。但是主流观点还是认为属于民事合同，因为其尽管具有行政合同的一些法律特征，但总体上还是更加符合民事合同的特征。

（二）关于补偿时间问题

《条例》在补偿时间的设定上也作出了较大改变。确定了"先补偿，后搬迁"原则，这与原条例的"先拆迁，后补偿"程序是一个颠覆性的变化。

为了切实保障先补偿后搬迁原则的实现，条例从制度上进行了规范。

1. 作出征收决定前，征收补偿费应当足额到位，专户储存，专款专用。

2. 强制执行申请书应当附具补偿金额和专户储存账号、产权调换和周转用房的地点和面积等材料。

3. 如果被征收人拒绝接受补偿款项的，应该视为已经满足了"先补偿"的原则。

（三）补偿并非只有协商才可以

有人认为，按照新《条例》规定，补偿必须协商才可以。这显然是错误的。《条例》确定的是"协商为原则，单方决定为补充"的原则。

所谓协商为原则，就是尽可能地与被征收人达成拆迁协议；所谓单方决定为补充，就是对于按照法定程序已经决定征收，并且通过了补偿方案，被征收人仍然拒绝签订补偿协议的，征收人可以单方决定。

五、强制拆迁必须以法院裁判为前提

多年来，行政强拆确实是一大危害。《条例》的颁布生效终于从制度上彻底宣告了行政强拆的终结。

《条例》在宣告行政强拆终结的同时引入了新的司法强制拆迁制度，这无疑是民主的进步、法治的进步。

（一）强制拆迁仍然会继续存在

《条例》终结了行政强拆的命运，但这绝对不意味着从此我国就不会存在强制拆迁了。完全没有强制拆迁，或者强制征收，不仅在我国不可能，在最发达、法治最完备的国家也不可能。

《条例》改变的只是强拆的主体、范围和程序。因此《条例》对于强制拆迁适用的范围进行了严格的限制。也就是说，按照新《条例》只有在两种情况下才可以实施强制拆迁。

第一，《条例》第25条第2款规定："补偿协议订立后，一方当事人不履行补偿协议约定的义务的，另一方当事人可以依法提起诉讼。"

这实际上是引入了一个民事诉讼程序，最终的强制拆迁结果也是对法院的《民事判决书》的执行问题，仍然属于民事执行的范畴。

第二，《条例》第28条第1款规定："被征收人在法定期限内不申请行政复议或者不提起行政诉讼，在补偿决定规定的期限内又不搬迁的，由作出房屋征收决定的市、县级人民政府依法申请人民法院强制执行。"

（二）司法强制拆迁尚存在的问题

尽管《条例》已经设置了司法强制拆迁的程序，但在实际执行中仍然存在很多问题。

1. 国务院是否有权确立由法院实施的"司法强拆"制度？因为给法院设置强制性义务本来是人大的权利。按照我国的政治体制，"一府两院"都受人大监督，法律主体应该是平行的。

2. 由法官直接实施强制拆迁是否会影响法官的中立形象？因为在发达国家法官只裁定是否属于公共利益而实施征收，而不是决定后自己直接实施强拆。因此，将来是否可以考虑由法院授权政府强拆？

3. 我国的法院是否具有独立公正的裁判能力，裁判是否具有权威性？

4. 我国法院的现行力量是否有能力实施这一工作？

5. 在法院受理强制执行申请后是否还要进行审查？是否还要开听证会决定？是否还应该给被征收人一定陈述时间？

这些问题都需要通过最高人民法院的司法解释来解决。

六、关于集体土地上的房屋征收补偿问题

在集体土地上直接征收房屋进行拆迁已经是目前存在的最大问题。实际上，城区范围内国有土地上房屋的征收拆迁数量将越来越少，而现行发生的大规模拆迁都是发生在城乡接合部集体土地上。

按照《土地管理法》的规定，建设用地必须使用国有土地，只有将集体土地征收后变为国有土地才可以作为建设用地，才可以按照《条例》的规定对地上建筑物实施征收。

在新《条例》起草过程中，很多人建议将集体土地上房屋征收问题也直接列入《条例》加以规定，以解决法律实施的平衡问题。但最终考虑到法律授权的范围问题，国务院立法解决国有土地上房屋征收问题是由《城市房地产管理法》授权的，如果将集体土地也列入《条例》的话，《土地管理法》还没有授权，自然就会出现立法违法问题，因此这个问题只能在《土地管理法》修订授权后再行立法解决。

在现行法律体系下，笔者认为在集体土地上直接实施征收拆迁，最佳的方案是按照以下程序实施，既可以保障征收行为的合法性，又可以保障被征收人的合法权益最大化，更可以保障当需要强制拆迁时有合法的强制拆迁程序性法律依据。

1. 将城市规划区内的集体土地房屋拆迁由国土资源部门依据《土地管理法》的规定在土地征用中直接完成。

2. 对于土地征收部分，由于国家是为了公共利益的需要而征用集体所有的土地。由于国家和土地的所有人集体经济组织之间的地位属于不平等主体，因此集体经济组织必须服从。所以，即便是集体经济组织不同意也同样可以强制征用。这不是国家向集体经济组织"买地"，当然也就不必遵循等价有偿

的原则，只要国家给予集体经济组织和使用权人一定的补偿就可以。

当然，土地补偿的价格如何确定是关键。实践中无非是两种办法，一是直接参照住建部的相关办法的规定，委托进行评估，然后扣除土地出让金因素。二是遵循现行规定，由政府根据区位统一决定补偿价格进行补偿。

3. 对于地上附着物，则完全采取市场价格按照评估价进行补偿。完全可以与城市国有土地上的建筑物采取相同的补偿标准。

4. 如果出现需要强制拆迁的，就可以按照《土地管理法实施细则》第45条规定，申请人民法院强制执行。

5. 在集体土地上实施征收，要特别注意房屋面积的确定程序和标准，因为集体土地上建筑物大多数都没有产权证照，面积的确定要比国有土地上的房屋难得多。

总之，在集体土地上直接实施征收拆迁所面临的法律问题要比国有土地上多得多。在国家没有统一立法的情况下，必须慎之又慎。

以上是笔者对《国有土地上房屋征收与补偿条例》学习的总结和体会，观点不一定正确，只求抛砖引玉，引起社会各界的关注。

2011 年 6 月 10 日

以创新思维当好破产管理人

《企业破产法》自 2007 年 6 月 1 日起生效，标志着我国终于有了以市场经济为背景和调整对象的《企业破产法》，初步建立起了现代企业破产制度。

由于我国《企业破产法》立法时间较晚，充分参考和吸收了现代英美法系、大陆法系企业破产法的成熟立法经验，同时更考虑到了现代企业发展过程中出现的一些新问题和新变化，因此整体立法理念较先进。

但是，由于整部法律毕竟只有 136 条，规定过于原则，可操作性相对较差。尽管最高人民法院先后在十二年破产实践期间颁布了配套的五个司法解释，但仍然难以解决破产实践中的很多棘手问题。再加上我国现阶段司法水平仍然相对较低，导致《企业破产法》在执行过程中出现了很多问题和矛盾。这些问题都需要以后续颁布的司法解释来逐步规范解决。因此，各级人民法院和破产管理人都应该认真研究审理破产案件中出现的新问题，总结经验，为今后最高人民法院出台破产法司法解释提供实践和理论支持，以提高我国整体破产案件审理的水平。

《企业破产法》从制度上首次确立了破产管理人制度，为中国律师开拓了一个全新的业务领域。律师担任破产管理人与从事传统诉讼业务不同，在享有一定公共权力的同时，当然会承担相应的风险，特别是涉及社会稳定方面的责任和风险。因此，担任破产管理人的律师必须具有高度的社会责任感，必须具有丰富的社会经验，必须具备深厚、广博的法律知识。

一、过去从事破产管理工作的经验

（一）熟练掌握和运用破产领域的法律、法规及操作规程

《企业破产法》属商法范畴，破产案件属于特殊型法律业务。《企业破产法》本身包括了实体法和程序法两部分内容，法律程序相对独立，因而对于大多

数律师来说都比较陌生。

法律业务实践性很强,对于特殊部门法如没有实践和操作经历不可能熟练掌握运用。即便是那些因担任过破产案件债权人或者债务人的代理人而参加破产案件的律师,对于具体规定也同样非常陌生。因此,做好破产管理人首要的就是必须熟练掌握破产法律、法规以及破产案件的操作流程。

1.《企业破产法》虽然已经生效十二年,最高人民法院也已经颁布了具体操作性司法解释三个,另外两个是关于管理人的指定程序和报酬收取方面的,对于案件的实体及程序处理并没有实际指导意义。

最高人民法院 2002 年颁布的《最高人民法院关于审理企业破产案件若干问题的规定》是针对原破产法及《民事诉讼法》的企业法人破产程序所作出的司法解释。尽管现在仍然有效,但是对于现行《企业破产法》的适用意义有限。因此,做好管理人工作的首要问题就是要从立法上熟练掌握和熟悉现行《企业破产法》及相关司法解释。

2. 破产案件虽属商事案件,但又与其他商事案件不同。普通商事案件程序上仍然适用《民事诉讼法》,而破产案件的程序则包含在《企业破产法》内,程序基本上独立于《民事诉讼法》。做好破产管理人,必须熟练掌握破产流程。中华全国律师协会印发的《律师担任破产管理人业务操作指引》是管理人从事破产案件的程序性规范,具有一定的指导意义。从事破产管理的律师都应该认真、仔细、深入地学习好全国律协的《律师担任破产管理人业务操作指引》。只有这样,才能使破产案件的审理准确、快速、便捷、顺利。

由于破产案件的特殊性,从事破产管理案件的律师应该尽量多参加一些专项破产法培训班。这是一个非常简单有效的学习途径。既能学习法律规定和立法背景,又能借鉴其他地区法院破产管理的经验。

(二)精通民商事法学理论

做一个合格的破产管理人,第二个要求就是必须具有丰富的民商事法律理论知识和民商事案件代理经验。

未从事过破产案件管理工作的业内人往往都有个认识误区,认为只要熟练掌握了破产方面的法律法规就可以了。其实在破产案件中,大量运用的是民商事法学理论及诉讼经验,单纯的破产法知识所占的比重并不大。

一个破产案件中，常常包含了几十个甚至几百个独立的民商事案件，涉及的法律范围非常宽泛。即便最常用的法律部门也至少包括：劳动法律方面、债权法律方面、物权法律方面、知识产权法律方面、会计法律方面、审计法律方面、国有资产管理法律方面、刑事法律方面……可以说几乎无所不包。

尽管《企业破产法》属专业法，但是担任破产管理人的律师至少必须是精通民商法的专家，否则就难以适应复杂多变的破产实践需求。

笔者在同心县宏强公司破产案件中，在认定破产财产与非破产财产问题上，在认定一物多证、重复抵押问题上，法律关系非常复杂。同一房地产分别抵押给两个自然人，而且都办理了房产证；同一房产先后抵押给两个不同的银行；同一宗土地既有《国有土地使用证》又有《集体土地使用证》……

如果不能深谙《物权法》及其相关法律规定，就不可能准确地对这些法律事实作出认定。

（三）要用创新性思维灵活处理破产案件

我国破产法律事务仍处于起步阶段，现行《企业破产法》及司法解释规定还比较原则，操作性仍然不是很强。尚有非常多的空间需要管理人在司法实践中进行解释和填补。同时，由于破产案件所涉及的利益主体多元化，远不像诉讼案件那样单纯。

因此，正确、成功地处理好破产案件，从技术层面上说，必须把握好两个原则：一是要用创新性思维，二是要灵活掌握法律原则。否则就有可能陷入被动，或引发新的矛盾，或至少是效率非常低下。律师事务所作为破产管理人是以收取管理人报酬为目的的，如效率太低，自己亏损不说，还会给社会带来负面影响。

创新性思维与灵活性原则相结合是高效、安全处理破产案件的根本。笔者办理的同心县粮食购销公司破产案件能够在三个月内就终结破产程序，根本的一条就是充分发挥了创造性思维和灵活性原则。

在这个案件中，宁夏同心县人民政府及最大债权人中国农业发展银行宁夏分行共同要求法院和管理人最好在三个月之内结案，以便农发行能够在上级规定时间内核销债务。法院和管理人都不敢作出如此承诺，因为正常情况下，破产案件的审理时间都是以年来计算的，很少有以月计算的。尤其是一个拥有数百名职工，经营几十年的老国有企业，三个月合法破产终结，几乎可以说是一个神话。

这个山区的县级国有粮食购销企业，同时兼具两个职能：一是自身的粮食购销经营业务；二是承担国家退耕还林粮款验收发放任务。

处理这个案件第一大难点是如何处理破产企业一直承担的山区农民退耕还林业务问题。因为这项涉及千家万户农民利益的工作绝对不能停，否则就会有大量农民上访闹事。破产企业的退耕还林业务从法律上属于民事代理行为，如果将退耕还林业务也按照《企业破产法》规定全部列入破产案件进行处理，不但很多法律问题无法处理，而且将会直接引发大规模的社会群体矛盾和社会不稳定。

因此，我们在第一次债权人会议上果断作出决定，将退耕还林业务从破产案件中剥离出来，也就是退耕还林业务不列入破产；另外，如果发放退耕还林款项的工作按照《企业破产法》规定由管理人完全接管的话，管理人根本没有能力面对这非常陌生的千家万户，即便勉强为之也成本非常之大。

同时，如果破产成本过高，又会严重背离"债权人利益最大化"的原则。所以，我们没有机械地按照《企业破产法》规定由管理人全面接管全县共计十二个基层粮库，而是充分发挥破产企业原有职工的积极性，由管理人作出承诺，粮库现有职工的待遇不变，继续承担退耕还林粮款的发放任务。同时积极与同心县政府协商，由政府尽快确定此项工作的接替单位，等到破产案件终结后，再直接将退耕还林工作移交给政府所确定的新单位。最终顺利、安全地解决了上述问题。

在笔者处理的这些案件中，管理人接管破产企业前，群体上访事件不断。而在管理人接管后再没有发生过上访事件，极好地维护了社会稳定大局。根本的原因就是得益于创新性思维和灵活性原则的发挥。

（四）密切协调和依靠当地党委、政府是做好破产案件的关键

《企业破产法》生效后法院所受理的破产案件多是以老国有、集体企业为主。企业退休人员多，破产后下岗职工多，破产财产中属于国家调拨、划拨的财产多。有的破产企业虽然已经过一次乃至两次改制，但由于当时实施改制的政府相关部门缺少法律知识和经验，甚至掺入了其他非正常因素，导致

企业改制大多数都不彻底。政府虽然投入了非常多资金，但是职工安置问题却仍然没有彻底解决。

客观而言，职工身份置换是律师事务所没有能力独立解决的。同时，涉及集体土地和划拨土地作为破产企业原有财产的处置转化问题，涉及计划经济时期政府对国有企业的投入问题等，都是政策性、法律性非常强的工作。这些都必须紧紧依靠地方党委、政府的配合和支持。笔者深刻体会到，做好破产管理工作，即便是非国有、集体企业，都必须和当地党委、政府密切联系，积极主动地协调好和当地党委、政府的关系，紧紧依靠地方党委、政府的配合支持。否则，很多工作就会陷入僵局。笔者所参与主导的很多案件之所以能够顺利实施完备，完全得益于与当地党委、政府部门的密切联系和协调。

（五）平衡好各方利益是顺利实施破产管理的根本

破产案件是一种多元利益交汇聚合体。衡量一个破产案件管理是否成功，并不完全看你的程序、实体处理如何合法，而是最终要看你是否在符合法律原则前提下，最大限度地满足了各方利益，或者说是否很好地使各方利益得到了最佳平衡。

相反，即便你的程序和实体处理从法律角度衡量都没有问题，但是各方当事人的利益没有平衡好，都不满意或者大部分不满意，甚至引发了大量的社会矛盾和不稳定，尽管程序无可挑剔，也同样是失败的。所以管理好破产案件必须从根本上协调平衡好各方利益。

在破产案件中利益群体之间是相互冲突的。债权人利益、债务人利益、当地政府利益、企业职工利益，包括管理人的利益，甚至担保债权人与无担保债权人之间的利益……利益冲突无处不在。

利益主体多、利益共性少、利益冲突大是破产案件的特性。因此，管理人必须最大限度地平衡好各方利益，最大限度地使各方利益达到相对均衡，最大限度地使各方利益主体得到相对满足。实现上述目标，笔者认为应该注意以下问题。

第一，必须以遵循合法性为前提。

对于各方利益的平衡，首先必须符合法律规定，绝不能为了迎合一方强势力量的需求或者满足任何一方的需求而突破法律底线。所谓灵活性是在遵守法律原则前提下的灵活，绝不是突破法律底线的灵活。

第二，认真考察各方利益的基本需求点。

虽然各方利益从现象上看都是为了分得更多破产财产，但是利益主体不同，其根本需求点又不同。有的注重数量多少，有的并不注重数量多少，而是在乎有无；有的需要物质利益，有的需要名誉利益……因此管理人在平衡各方利益的时候不能单纯看数字，而是要认真仔细考察各个利益主体在数字背后的真正需求。只有真正摸清了实际需求点并最大限度予以满足，尽管他们得到的数量可能并不多，但已经感到满意，问题也就解决了。

第三，确定各方利益主体的底线和承受能力，灵活处置。

破产清算案件审理的最终结果是由债权人会议顺利通过《破产财产分配方案》，终结案件程序。管理人必须运用自己的聪明智慧使分配方案顺利通过，而不是因为自己没有平衡好各方利益，导致《破产财产分配方案》不能通过，然后把包袱甩给法院进行强制通过。包括破产重整案件中的《重整方案》以及破产和解案件中的《和解方案》，乃至管理人与担保债权人之间的《管理人报酬方案》……都应该如此。

因为法律虽然规定了上述诸方案人民法院有强制裁定通过的权力，但都有一定的限制条件，而且在司法实践中应该是个例，绝不能变成通例。法院强制通过，是各方利益不可调和的无奈之举，不得已而为之，一般情况下不要轻易使用，否则管理人是失败的。

因此，管理人必须充分发挥自己的智慧，摸清各利益主体的底线和承受能力，提前做好协调工作，使分配方案顺利通过，最大限度地保证不要把包袱甩给法院。

（六）优先考虑职工利益是处置破产财产的基本出发点

在破产案件的各方利益中，职工利益是管理人应该优先考虑的。职工属于弱势群体，职工利益关乎民生，职工利益更容易引发群体事件导致社会不稳定。笔者认为优先考虑职工利益应该注意以下方面。

第一，耐心、热心地接待反映诉求的职工或者职工代表。

管理人不论有多忙，对于职工表达和反映诉求都必须热情、耐心接待，而绝不能冷漠、烦躁、推脱。

第二，在法律允许范围内，尽可能首先满足职工利益需求。

在群体利益处理过程中，有可能会出现个别职工因为管理人确定的处理原则而得到一些超出公平原则的利益，但是我们又不能因为个别人得到这种利益而去改变已经确立通过的原则。这种情况下管理人不要过于在乎，总体处理的原则就是在合法的前提下最大限度首先满足职工利益。

（七）最大限度地减轻审理法院的负担

破产案件处理涉及方方面面的关系，总会有各方面的利益群体来向管理人表达诉求，总会要和政府及其相关部门协调，总会要和社会各个方面进行协调、统筹……

管理人应该在法律规定的范围内积极开展工作，尽可能发挥自己的主观能动性和智慧，尽可能不要给审理法院增添麻烦、增加负担，争取做到：不把矛盾推向法院、不把难题推向法院、不把表达诉求的当事人推给法院、不把与政府部门协调的工作推给法院。

（八）保护好自身安全是管理人处理破产案件的前提

破产案件是特殊类型案件，律师事务所担任管理人更是一项全新而且特殊的业务。管理人从法律的角度属于社会中介机构，担任管理人和代理诉讼案件及参与其他普通非诉讼案件又明显不同。

在普通的诉讼案件和非诉讼案件中，律师是当事人的代理人，在当事人授权范围内活动，代理行为的结果依法由委托人承担责任，律师也不享有公权力。而在破产案件中，管理人受法院指定，对法院负责，明显享有一定的公权力。尽管立法者已经最大限度地限制了管理人的这种公权力，但毕竟不可能完全限制，管理人享有一定公权力是不可避免的。这种情况下管理人必须改变身份，转换角色。

在享有公权力的同时一定会承担行使公权力所带来的风险，这是必然的，天下没有不承担责任的权力。因此管理人必须具有高度的风险意识和安全意识，切不可因为享有一点公权力而忘乎所以。

律师做诉讼案件、普通非诉讼案件和担任破产管理人工作最关键的区别，就是担任管理人要承担明显的社会和法律责任，其他案件中基本没有这样的责任。

这就要求律师必须有危机意识、安全意识。加强防范、自我保护是律师担任管理人的前提，有些律师尚不懂这个道理。

因此，担任管理人工作必须殚精竭虑、如履薄冰。

二、人民法院应该依法发挥更重要的作用

（一）严格执行破产案件的受理标准，放宽入门标准

供给侧结构性改革是近几年中央经济体制改革的重要举措，清理僵尸企业是供给侧结构性改革的重要内容，人民法院贯彻供给侧结构性改革的一项重要内容就是依法顺畅、快捷地受理破产案件并尽快审结。笔者注意到，在破产案件的受理问题上，最高人民法院和有权受理破产案件的地方人民法院之间的理念一直相向而行。

企业破产制度是现代企业制度的重要组成部分，也是现代市场经济机制的必然组成部分。可以说，没有破产制度就没有现代市场经济。任何一种社会主体，只有进入机制而没有退出机制是绝对不健康的。因此，中央提出供给侧结构性改革，清理僵尸企业。最高人民法院为了贯彻中央的上述精神，于 2011 年 9 月 26 日颁布了破产法司法解释，从法律层面解决破产案件受理难的问题。

（二）发挥法院的主导作用，加强业务指导和信息沟通

高级人民法院在破产案件审理及对管理人的管理上应该发挥更大、更能动的作用。由于破产案件的特殊性，导致很多从事破产管理的律师不但经验差，法律知识也非常欠缺。各级人民法院由于不停地进行法官岗位轮换，导致熟悉破产案件的法官也非常少。在破产管理人、破产法官培训和信息交流问题上，同样出现了"民间热、官方冷"的现象。笔者认为这种不正常现象应该予以改变，各个高级人民法院要发挥更重要的作用，一是加强对各受理法院的审理法官及管理人的业务理论指导，二是对各个法院和管理人之间进行信息沟通。

（三）加强对管理人的考核，对管理人能力实施量化管理

自 2007 年企业破产法生效实施法院公布第一批破产管理人名册后到 2018 年，各地管理人名册基本没有发生大的变化。2018 年下半年开始在全国范围内选任第二批破产管理人。十年时间基本没有出台和实施过对管理人的考核。导致 2018 年各省高级人民法院选任破产管理人的规定五花八门。有的甚至将选任管理人设置了行政许可程序，授权司法行政部门和财政部门进行第一行政许可。

尽管规定五花八门，但是有一点是共通的，那就是没有任何一个高级人民法院对过去十年时间内已经进入破产管理人名册的管理人的业绩进行考核，并将业绩考核标准作为第二次选任的条件，这是一种非常明显的不合理、不科学之举。

《企业破产法》是一项特殊全新的法律，破产管理更是一项经验性非常强的工作。一个破产管理团队没有数年的破产管理实践，很难熟练工作。有没有经验当然与做过的业务有关，当然与其是不是善于总结经验有关。是否有经验有能力，必须对过去做过的业务进行考核。通过考核发现和确定有经验的团队，将其继续列入名册，将重大复杂疑难案件交给有经验的团队去做，这才是科学正确的。建议最高人民法院应该尽快制定相应的考核措施和制度，实施量化管理。

从破产案件的特征来看，衡量破产案件管理人工作是否成功，至少应该从以下几个方面进行衡量和考核。

第一，实体及程序是否合法。

破产管理工作的前述特征也同样决定了律师在管理过程中，在最短的时间内所作出的结论是合法的或者至少是符合法律精神的。由于我国《企业破产法》的实施还处于起步阶段，法律及司法解释规定的很多东西还比较原则，实践中所遇到的很多问题在现行法律中并没有现成答案。因此，合法性是第一要务。

第二，使用时间最短。

律师事务所作为管理人与政府组成的清算小组最大的区别有两点：一是律师事务所以收取管理人报酬为目的，清算小组没有此目的；二是律师是法

律方面的专业人员，而清算小组大都不是。这两个特征就决定了律师事务所必须追求高效率，也应该保持高效率，在最短的时间内审结，最大限度地降低经济成本和社会风险成本。

第三，高效率，低成本。

《企业破产法》确定的管理原则是"债权人利益最大化"。管理人的管理活动必须始终遵循这个原则。而要实现债权人利益最大化，必须提高效力。如果一个案子破了几年不能结案，各种破产费用自然增大，谈何效率？

同时，由于律师事务所都是法律专业人员，而破产案件中几乎绝大部分工作都是法律性质的。如果管理人再聘请大量法律人员来帮助自己做自己可以完成的工作，破产费用也同样加大，更是没有任何效率可言。

另外，管理人是否增加了中介机构的费用成本？是否最大限度地追回了债权？是否最大限度地降低了债务？都是衡量的具体标准。可以说，不能实现高效率，就不是合格的管理人。

第四，社会效果达到最佳。

从深层次来看，衡量管理人管理水平的最高标准和境界就要看综合社会效果。应该说，在上述几个标准中做到实体和程序合法是最容易的，时间和效率次之，而最高境界是社会效果。

如果一个破产案件在审理过程中，当事人动不动就找法院反映问题，动不动就到处上访，大量社会矛盾管理人自己解决不了，处理结果各方都不满意，法律上程序和实体处理再合法都是失败的。

法院掌握管理人管理水平的目的，除了作为正常管理需求，还有一个重要原因就是一旦在省内出现重大、复杂、疑难的破产案件，指定管理人就不应该再随机摇号，而是根据掌握的情况采取投票或者招标的办法，高级人民法院直接决定由优秀、经验丰富的管理人担任。如果这类案件仍然进行机械摇号，就有可能使管理水平较差甚至根本就没有做过破产管理案件的管理人接管破产企业，最终结果自然可想而知……

（四）法院要为管理人履行职务提供法律保障

在诉讼案件中由于律师向当事人负责，必须严格限制律师与法官的交往。但在审理破产案件中，管理人向人民法院负责，管理人实际上是法院的委托人，管理人工作的好坏直接影响人民法院的工作政绩，而管理人的工作又必须得到法院的支持，否则就不敢大胆工作。因此，法院应该成为管理人的支撑力量，为管理人的管理工作提供支撑和保障。

特别是在一些特殊破产案件中会出现现行法律无法解决的问题，比如已经拍卖的破产财产被个别债权人强行占有，管理人无法向竞买人交付，还有诸如此类需要由法律强制力实现的问题，现行《企业破产法》还没有规定在破产程序中法院可以进行强制的措施，这些都需要法院乃至法院协调政府或者公安机关来解决，管理人是没有任何强制权力的。

（五）审理法官尽量不要越位

破产管理人制度使法官从繁杂的破产事务性工作中解放出来，法官更多的是一种宏观监督和控制职能。

由于案件中大量的具体事务性工作都是由管理人完成的，在具体案件中法官就不一定对案件中涉及的所有问题都搞得清清楚楚。否则法官又变成了管理人，法官的工作量会非常之大，这也是审理法官在时间和精力上都不允许的。

因此，主审法官应该不要越位，不越俎代庖直接插手本应该由管理人完成的工作，不给各方当事人随意作出承诺，不影响应该由管理人决定的事项。否则就会和管理人之间形成"两张皮"，严重影响破产案件的审理效果。司法实践中，经常出现一些法院或者法官超越法律规定给管理人设定非常多的限制性规定，使管理人无法正常开展工作。

以上是笔者担任破产管理人近十年所积累的一些感受和经验，以此抛砖引玉，深望各位同人提出批评和指正。

2019 年 4 月 30 日

下篇：制胜之道

律协会长是什么？

会长是什么？这本不该是个问题。黑格尔说："人们经常挂在嘴边的名词，往往是我们最无知的东西。"科学家善于把复杂问题简单化，而哲学家则善于把简单问题复杂化。

我们不妨站在哲学家的角度思考一下这个问题，就会感到，至少到目前为止这还真是个问题。我们已经"选出"了那么多执业律师担任各级律师协会会长，但各个地方选举的标准又千差万别，甚至同一个地方在不同时间选择的标准同样差别很大。

也正是由于这种选择标准的差异性导致了那些当选会长在其任职期间所发挥的作用，尽管面上的东西基本趋同，但深层次上却是千差万别。由此看来，还真得回过头来从本源上进行思考。我认为，这是我们这个行业全体同人都应当思考的重要问题。我也曾经不止一次地进行过思考和感悟，现在把自己的一些肤浅体会讲出来供大家批评指正。

第一，要认可会长是个领导

会长是名正言顺的行业领导。孔子曰："名不正则言不顺。"不仅做会长者本人应当有这种认识，而且我们全体律师同人也一定要把他们当成领导。这是规矩，也应当成为一种文化。之所以这样说，是因为眼下我们的很多会长还没有这种意识，而且有很多律师同人只把会长当成业务上的同人而不将会长当作领导。只有会长们把自己摆到了领导位置上，他才能从内心由衷地产生公仆意识，感到自己确有义务真诚地去替大家思考，替行业思考。否则，他自然是"不在其位，不谋其政"。

浙江律协原会长王秋潮有一段很精彩的概括，他说，作为一个律师他考虑的只是个人业务发展，而作为一个合伙人则要考虑一个所的整体发展，但作为一个会长他更重要的是要考虑整体行业的发展。会长们为什么要去思考一个行业的发展？就因为他是行业的领导。律师同人只有将会长真正看成自己的领导，那些做会长的律师才会心理平衡，才会感到自己耽误了那么多经济收入而替行业操心是值得的，才会更有奉献精神。而如果我们对自己所选举的会长并不承认，那他们就会有失落感，也就很难花费真正的精力去为大家办事。反过来，律师同人如果不尊重和承认自己选举的会长，实际上也是对自身的不尊重和否定。那你还如何去叫社会尊重和承认？这些深层次的道理我们应当明白。

第二，会长应当是个支点

一位伟人说过："给我一个支点，我能撬动地球。"行业发展当然也需要支点。而会长就应当是这个行业中能够平衡和带动各种力量，以最大限度、最高效率服务于社会的支点。为了当好这个支点，首先，会长最大的忌讳莫过于将这个头衔视为一种可以炫耀的光环，看成对自己学识和才能所做的社会鉴定，并且经常贴在身上当成一个标签。

支点的第一层含义是他一定要处在下层，默默地承受极大的压力而又不被人们看到。在"两结合"的管理体制中，律师行业的公共管理权力部分还是留在司法行政部门，律师协会所行使的职能大都是服务性职能。律师行业是个挑毛病的行业。受职业影响，律师的批判性思维都很强。会长在工作中的一些失误在其他人群中也许不被发现或者即便发现了也并不被重视。但在律师这个人群中他就会给你拔得很高，放大得厉害。因此，你必须得承受很多一般情况下不该承受的压力。另外，司法行政部门实际上恰恰是处于真正的领导和管理地位，他们自然也会对你工作中的失误提出批评，有时甚至有误解。所以，作为会长必须得具有承受各种压力的心态，默默奉献的心态。必须具有"上善若水，厚德载物"的品质。不能动辄做多大点事都要大家认可，斤斤计较。

支点的第二层含义是必须有极强的包容性，也就是要有宽阔的胸怀。心胸狭窄、气量狭小、尖酸刻薄，不能容人的人是不能当会长或者至少当不好会长的。古人云："文人千古相轻。"律师行业由于竞争的关系常常出现同行是冤家的情况。律师与律师之间、所与所之间动辄为争业务而产生矛盾，甚至不可调和。如果不能在行业内部形成一种有效的溶解机制，将会影响整体行业的健康发展。另外，律师行业与其他相关行业之间、与司法行政机关之间、与社会之间都有着紧密的联系，都得进行交往，同样也会与之产生利益冲突。因此，作为会长就要充分当好这个支点，以支撑和平衡行业内部矛盾以及行业与外部的矛盾。

支点的第三层含义是必须具有奉献和牺牲精神。律师协会不同于其他普通民间组织，自身的管理职能又很强。本来例行的日常工作量就很繁重，如果再想把工作做得更好一些，那工作量就会更大。每位会长都要花费很大一部分精力和时间来处理协会工作。而律师行业中大凡能被选为会长者往往都自身业务繁忙，可以说是"寸时寸金"。付出了时间就等于减少了大量的经济收入。这样的话，短时间内图个新鲜容易，而长时间的牺牲和奉献绝非易事。很难想象一个视金钱如生命的人会放弃可观的经济收入来为行业无偿服务。当然，那种只挂挂名而搞点"面子工程"，并不真心实意为行业付出的会长例外。因此，一个会长没有无私的服务、奉献和牺牲精神，就不可能做好这个支点。

支点的第四层含义是要用心工作。现在的会长们无非分为两类人：一类是真想为行业作奉献者；另一类是只沽名钓誉但并不真想奉献者。如果你真想做好这个支点，就得具备用心工作这样一个最根本的素质。当然，做好任何事情都得用心工作。之所以在律师行业中特别提出来，是因为我们的会长们毕竟都是兼职，都有自身的大量工作，这就很容易把心思放在有经济效益的工作上去，而对协会工作则"不做不合适，应付为上策"。

第三，会长应当是一面旗帜

每个行业都应当树立自己的旗帜。可以说自执业律师开始担任会长以来已经有很长的时间了。究竟应该选什么样的律师做会长还始终没有形成共同认可的标准。眼下所选举的会长，大概有如下几类。

第一类是在本地业务量最多、收入最高或者至少处于最高层面者；第二类是执业时间较长、行业资历较老者；第三类是在当地享有较高的社会声誉和身份者；第四类是确能综合代表行业形象者。

近几年，随着行业的不断发展，刚开始所形成的那种律师协会是"富人俱乐部"的观念在逐步转变，业内已经不再把业务收入顶尖作为标准。因为在一个地区收入保持顶尖，他一定处于非常艰辛的竞争之中。这种情况下应该说他能够用于行业协会工作的精力十分有限，更何况一个优秀会长所具备的素质和一个优秀专业律师所具备的素质是大不相同的。反之，如果收入很低，业务尚处在较低层，那肯定也不行。因为他连自己最基本的物质需求都不能满足，很难想象他能拿出多少精力或具有多少素质来搞无偿公益活动、领导一个行业。第二种类型的会长随着时间的推移已逐渐退休淡出，而且随着知识结构的老化，肯定不能成为发展的主流。第三种类型的会长们数量本身不大，也一定不能成为主流。所以，今后选会长的标准应当是那些能够真正代表这个行业而且具有领导能力的旗帜性人物。当然，作为行业的旗帜性人物应该具有多少条量化标准，眼下还难以说尽，但只要把"旗帜"作为一个衡量标准，我想尽管每个人心目中的行业旗帜会有一定的差异，但总体上在某地区的部分人物中选一个旗帜，相信大家最终的衡量结果应该是大致相同的。

第四，会长应该是个形象

会长是行业内的公众人物，也是社会公众人物。既然享受公众人物的名誉，当然就得承担保持公众形象的义务。这就要求你必须克制很多对普通律师不需要特别克制的东西。因此，会长应该是一个行业的形象或代表。

首先，作为形象的会长应当具备能够善于在公共场合表演而且保持在公共场所的特殊魅力以及与公众交往的亲和力。言谈举止、举手投足都要表现出文雅、大气、和蔼、沉稳。因为这个时候你就是公众心目中的律师形象。当然，具备这样的素质绝不是一个单纯的博士或只精通自己专业的律师所能具有的。

其次，作为形象的会长还应当是一个很有见地、很有思想的人。肤浅的人往往把众所周知的道理看成人类的重大思想发现而公开炫耀。如果选这样的人来做会长，那将使律师整个行业的形象贬损到无法修复的地步。因此，会长作为形象一定得有比较深邃的思想和见地，而且这种见地和思想还不能是匪夷所思、另类思维，既具有深度还不能完全超越主流。

再次，作为形象的会长，收入不一定最高，业务不一定最多，但在自己所从事的领域一定应该是业务精英。不论是法庭辩论还是业务谈判以及出具的法律文书都应当称得上是楷模。同样的道理，如果我们的会长出庭辩论、出席谈判或出具法律文书，语句不通、语焉不详、逻辑混乱，甚至自相矛盾、法律错误和漏洞百出，同样更会给这个行业带来无法修复的名誉损失。

最后，作为形象的会长，在做人上也应当率先垂范。不论任何行业，做事先做人；人做不好，事也难以做好。会长既然是行业领导，那首要的问题是在行业中要有威信，一个连人都做不好的律师何以能在这个特殊行业中享有威信？又何以服众？业务上可以"尺有所短、寸有所长"，但为人上却不能打折扣。所以会长一定得在处理亲情、朋友等社会关系上至少不能有太大瑕疵。只有大部分律师都能感到你确实能代表他们，确实是个形象，而且是别人不易替代的形象，你就有了亲和力、号召力。

以上是从四个方面对"会长是什么"这个本不应是问题的问题所作的肤浅分析，不求成一家之言，但求抛砖引玉，敬请同人指教。

2008 年 3 月 7 日

中国律师文化研究的重要性与方法论

一

进入 21 世纪以来，全球范围内的文化研究与文化寻根热潮越来越高。文化一词的使用频率亦越来越高。人类从来没有像现在这样对自己民族与国家的文化价值表现出如此高度的重视。在我们的现代生活中，也似乎存在着这样一种趋势，即文化所富含的感情色彩开始慢慢超过了文明，并逐渐取代文明而成为一个越来越具有普遍性的概念。只有当涉及整个民族历史，尤其是古代历史时我们才使用"文明"这个宏大而显得有些穷乏的词。就个体人来说，人们更喜欢说自己是一个"文化人"而不是"文明人"。

文化的范围十分广泛，包括宗教、哲学、科学、教育、民俗，等等。但宗教与哲学却是文化的基础，宗教与哲学直接决定了文化的价值。可以说，文化已经完全变成了一种将公众认可的习惯和理念进行沉淀的综合。当然，哲学与宗教从某种意义上说又是重合的。在人类几千年的文明历史中，哲学与宗教总是扮演着"你方唱罢我登场"的角色。一个时期哲学理念占据了统治地位，但经过一段时间后，由于真理的相对性，哲学又受到严重挑战，宗教又登场了，如此周而复始……

二

律师是国家法律人才共同体的主要成员，律师制度则是国家民主法治不可缺少的重要组成部分，而律师行业的发达与否则又是一个国家民主法治和文明程度的重要标志。当律师为某一个社会个体提供法律服务的时候，人们越来越明白，绝不能因为律师在为具体的某一个社会成员提供服务而认为律师是社会成员个体的需求。从根本上讲，是先进文明的国家需要律师，而不是个别社会成员需要律师。律师的前述特性决定了律师是国家的律师，民主法治的律师，更是民族的律师。因此，律师文化自然是法治文化的组成部分，更是民族文化的组成部分。

律师是法治文明的产物。中国律师由于自身行业特殊使命的要求，首先应当责无旁贷地承担起弘扬现代法治文明的义务，同时也应当更多地承担在中国推进和培育现代法治文化的义务。

从法律职业共同体的角度分析比较，律师比法官、检察官更具有条件去实现和完成这样一种使命。第一，律师的业务活动更具有独立性；第二，律师职业更具有自主性；第三，律师队伍数量更大，人才储备更丰富；第四，律师队伍学历层次相对更高。因此，研究中国律师文化，首先应当使中国律师融入先进现代法治文化之中。

三

从逻辑上讲，中国的律师文化当然首先是中国文化的组成部分，更是中国法治文化的组成部分。所以中国律师文化的研究应当自觉融入中国优秀的传统经典文化和民间文化。之所以要融入中国传统经典文化，是因为经典文化是民族文化的根基和核心。

随着现代社会物质文明的不断发达，人们对优秀传统文化的向往和需求会更加强烈。因此，追寻、恢复和弘扬中国传统经典文化将更是一种强烈的需要，更是构筑精神文明的重要手段和途径。

之所以还要融入中国民间文化，是因为律师的每一项具体业务又都是直接与各种各样、形形色色的社会组成人员息息相关。在传统中国的法律文化发展中，始终没有产生自己独立的民法体系，因此，民间宗族文化就成了调解解决民间矛盾的有机系统。再加上中国律师首先本身就是千千万万百姓的一员，因此，中国律师文化只有自觉融入民间文化才能有生命，才能根系发达，枝繁叶茂。

中国律师更是社会主义的律师，当然应当遵循社会主义的法治理念，必然应当融入社会主义法治社会之中。

四

文化是一个民族自立于世界民族之林的根本。一个没有自己文化的民族是一个落后的民族，没有生命力的民族。文化对于一个国家和民族来说生死攸关；文化对于一个民族来说则更是存亡之秋。英国人有一句名言："宁可失去一半的不列颠领土也绝不失去莎士比亚！"为什么英国人会有这样一种选择？因为莎士比亚代表了不列颠文化。

领土失去了还可以夺回来，一个民族只要有民族精神在，有民族灵魂在，夺回自己的领土是可以实现的。但如果一个民族失去了民族精神和民族灵魂，那它有多少财产、多大的疆域和领土也会很快失去，而民族精神与灵魂的载体就是民族文化。

中国的历史发展进程恰恰证明了文化对于一个国家和民族的重要性。在中国五千年的文明历史长河中曾出现了两个少数民族一统中原的政权组织。一个是由蒙古民族建立的元朝政权；一个是由满族人所建立的大清政权。这两个少数民族政权在冷兵器时代都凭借强大的骑兵征服了中原。

单从军事力量上说，成吉思汗的蒙古民族军事力量远远强大于努尔哈赤所创建的大清政权。第一，元朝所统治的疆域比清朝所统治的疆域要大得多。实际上，元朝的实际控制疆域包括了中国全部版图和部分西亚国家版图。第二，大清的多尔衮出山海关占领中原时，李自成已经将统治了中国276年的大明王朝推翻了。满族人的军事对手实际上只有李自成的农民起义军一家。而李自成所建立的大顺政权自李自成出商洛山到占领北京不过几年时间。无论从政治上还是军事上都还非常幼稚。打败一个农民起义的李自成政权远比推翻一个有几百年统治历程的封建王朝容易。

而成吉思汗的对手不仅有虎踞中原的大宋政权，还有雄踞西北的西夏政权和盘踞东北的辽金政权。这三大政权都是十分成熟和稳固的政治和军事力量。成吉思汗的铁骑不但最终征服了这三股成熟、强大的政治力量而且还推翻了远在中东正向非洲和欧洲扩张的伊斯兰王国。

尽管蒙古政权如此强大，但只经过了80多年就被朱元璋的农民起义军灭亡，而大清政权虽远不如蒙古强大，却经历了长达286年的中原统治。这其中的原因可能是多样化的，但核心的一条，蒙古人在对中原汉文化地区统治时旗帜鲜明地反对、抑制和消灭中国传统汉文化，直到最终被汉文化消灭。而满族人自皇太极开始就自觉地接纳、主动地吸收并使自己的民族融入中国传统汉文化之中。由此，文化的重要性可见一斑。

唐太宗李世民有一句名言："夫以铜为镜，可以正衣冠；以古为镜，可以知兴替；以人为镜，可以明得失。"今天，以史为镜，我们全民族都应当追寻、恢复和发扬光大中国传统文化；以史为镜，中国律师更应当研究和塑造好中国的律师文化。

中国律师还是一个极其年轻的行业，现在说律师文化还言之过早。我们真正塑造出中国的律师文化还任重道远。

2006 年 5 月

如何看待西部律师"孔雀东南飞"？

——在第七届中国律师论坛上的发言

一谈到西部律师向东部发达地区迁移这个话题，人们总是要将其形象地比喻为"孔雀东南飞"。

"孔雀东南飞，五里一徘徊；十三能织素，十四学裁衣……"

这本是南北朝《乐府诗集》中一首表现男女之间忠贞不渝爱情的叙事诗。描写的是东汉末年建安年间，庐江府公务员焦仲卿与其妻刘氏非常恩爱，由于婆媳不和，焦母依仗封建母权强行拆散了这桩本来十分和谐美满的婚姻。不得已，刘氏只能离开焦家而"孔雀东南飞"。

回到娘家后，其父母又逼迫其改嫁，但刘氏对焦仲卿的爱始终不变，不论上门求婚的是大富豪还是大帅哥，她都不为所动，一律不嫁。最终在巨大的家庭压力下投水自杀……

焦仲卿闻听此讯更是难以割舍，立刻上吊殉情自杀……

我们实在难以将两千年前这首叙事诗的社会意义和两千年后西部律师向东部转移的社会意义相提并论。这里只不过从文学上借用了一个形象的语言含义罢了。

刘氏之所以"东南飞"是被逼无奈、不得已而为之，因而她才会"五里一徘徊……"然而今天西部律师向东南飞完全是自愿的，兴高采烈的，义无反顾的，绝不徘徊！

西部律师为什么会孔雀东南飞？当然是为了高收入。因为东部有更大的市场，更新的业务，更广阔的发展空间。

我曾在北京碰到了一位来自宁夏的律师。尽管他到京的时间还不长，在北京还没有房子，也没豪车。尽管他到北京时已经年过半百，将来的发展程度究竟如何还不得而知，但他仍按捺不住激动的心情兴高采烈地说："在宁夏执业纯粹白活了大半辈子！"我一时无言以答。

如果是为了更高的收入、更大的发展空间而东南飞，这本无可非议，趋利避害、追名逐利是人的本性。我们不能要求每个律师都具有圣贤的品德，大家毕竟都是凡人。但是，认为在经济相对滞后的西部地区执业了大半辈子感到白活了恐怕就极不正常了。

思乡怀旧、落叶归根同样也是人的根本天性。这种想法同时也与律师的特定社会身份是极不相称的。我想，他之所以发出如此感慨，无非基于两个原因。一是在北京可以接触到在宁夏不易碰到的新类型案件；二是在北京做一件相同类型的业务收费可以比宁夏高出数倍甚至数十倍。可是，难道人生价值的衡量尺度仅仅是建立在自己所从事工作的新鲜感和获得的金钱利益多少吗？如果是这样，那实在是没有脱离低级趣味。

这又使我想到当下我们对律师业内律师业务所做的这样一个普遍性等级划分。将普通诉讼业务定为低端市场，将非诉讼业务定为中端市场，将只有极少数律师才做的知识产权等类案件定为高端市场。

尽管大家似乎都有意无意地承认并接受了这样一个划分标准，而且在很多场合以此津津乐道。但我认为这种划分标准与我们这位飞到首都北京执业的律师的人生观、价值观如出一辙。

满足少数人需求但能挣大钱的业务是高端，而满足绝大多数社会成员所需要的服务却是低端。我实在看不出这种高低之分的科学性体现在什么地方？说到底还是个钱的问题。在发达的英美法系国家恰恰是将出庭诉讼律师定位为大律师，而不具有出庭资格的律师是普通律师。实际上，能够真正游刃有余地叱咤纵横于法庭之上的律师所需要的综合素质是远非诉讼律师所可比的。因此，这个被大多数人津津乐道的价值观显然是畸形的。

律师的社会价值是什么？当然是化解社会矛盾，维护公平与正义。在任何一种社会制度下，拥有大部分财富的人永远都只能是少数，而不拥有大部分财富的人永远是多数。少数社会群体的需求是有价值的、高端的，而大多数社会群体的需求则成了没有价值的和低端的。这不恰恰与现代法治理念完全背道而驰了吗？

现代法治理念的核心是公平正义、人权平等。而维护这种社会价值体系的主力军律师却以获得金钱多少为衡量自身社会价值的尺度，可见我们的理性被扭曲到了何种程度。

同样，一个只是自己觉得别人应当仰视和羡慕自己的人，恰恰是最不值得仰视和羡慕的。如此看来，我们这位东南飞的律师在人格上实在不能和两千年前被休离婚而东南飞的刘氏相提并论。

西部律师到东部寻求发展，本无可厚非。但必须有一种健康的心态，绝不能收入一高马上轻视或鄙视自己的故乡故友，更不能有高人一等的感觉。律师的社会价值永远不能用金钱收入来衡量。同样的业务，收费因区位不同可以有很大差别，但社会价值本身并没有区别。在任何国家尽管律师均属高收入阶层，但律师绝对不能和别人比财富的多少。

人才的合理流动是正常的，但一定要因人而异，并不是所有人到东部都等于进入了天堂。有很多西部律师到东部后并没有好的发展又退回到西部。即便是那些在东部已得到充分发展的律师，反过来应当更加支持西部的发展，促进东西部的和谐发展。

如果大量的西部律师流动到东部，结果一定会给社会带来不和谐，使东西部发展的人力资源基础失衡，西部更需要律师。我们无法用强制手段限制人才的合理流动，但我们可以教育广大律师应当树立健康、科学的人生观、价值观。提高律师的社会责任感，提高人生的品位和修养。任何人的人生价值均在于对社会需求的满足，"雪中送炭"总比"锦上添花"更有意义。西部的开发建设更需要我们"雪中送炭"，而东部的快速发展使飞往东南的"孔雀"们未必能"锦上添花"。如果西部的律师们具备了这种修养就不会大量东南飞了。

孔子云："君子喻于义，小人喻于利。"愿我们的广大律师重义轻利，都能成为君子，而非小人。

圣人说："朝闻道，夕死可矣！"愿我们的律师能以全社会的公平和正义为"道"，不要为了单纯地追逐金钱而"孔雀东南飞"。

2007 年 9 月 1 日

律师同人，多一些关羽、少一些吕布

一

关羽和吕布同是两千多年前三国时期的历史文化名人。特别是关羽，历经两千年的风雨沧桑，在当今大凡汉文化流传地域，真可谓"家喻户晓、妇孺皆知"，被老百姓尊为关帝。乍看起来，这两位历史人物大概和当今的律师同人风马牛不相及也。但如果我们从民族文化心理结构的深层次去分析一下当前一直困扰律师事业健康发展的律师人员频繁流动问题，以及由此而引发的行业不正当竞争问题，就自然会发现这之间确实又存在着内在必然联系。

一个没有自己文化的民族，它很难自立于世界民族之林。任何社会的发展都无不深深地烙上其民族文化的印迹。而民族文化结构和文化底蕴同时又时时刻刻在制约和影响着社会的发展和变化。

早在三千年前，管仲就指出："仓廪实而知礼节，衣食足而知荣辱"；"凡治国之道，必先富民，民富则易治也。"因此，我们万万不可忽视文化对社会发展的潜在作用。

二

律师流动现象与律师行业的出现一样，都是社会发展的必然产物。"存在即合理"本没有什么必要值得大惊小怪。但孔子云："过犹不及，物极必反！"流动得过于频繁，就要产生副作用、危害不浅。尤其令人注意的是，真正的人才流动一下、找找定位，当然必要，所谓"良禽择木而栖"。可眼下有的频繁流动的律师，你又会发现实在也不是什么人才，充其量是一些"见利忘义"之辈。这恐怕确实要影响律师事业健康发展的大局了。对此，或许我们能从关羽和吕布这两位历史文化名人的社会意义本身找到一些启示。

三

之所以称关羽、吕布为历史文化名人，是因为首先这二位是历史人物，而不是罗贯中单纯虚构的艺术形象。但他们之所以能几千年广为流传、人人皆知，享有如此高的知名度又实在不是归功于他们的历史意义，而是完全得益于他们的文化意义。特别是关羽，从历史角度衡量，无非是刘备手下一介武将而已。没有诸葛孔明的运筹帷幄，他和刘备、张飞三兄弟，纵有万夫不当之勇，连安身立足的根据地都没有。但两千年来他的地位却直线上升，直到被尊为"关帝"，神州大地到处给他修建庙宇，受到数亿人的顶礼膜拜，这确是绝无仅有的。这也和他过五关斩六将、单刀赴会等艺术化的历史功绩比较起来实在极不相称。

说实在的，中国五千年文明史，自秦始皇到溥仪，贵为帝王的三百一十五位。真正在老百姓心目中有影响的，能叫上名字来的皇帝，大概不超过二十个。而包括秦皇、汉武、唐宗、宋祖这些文治武功盖世的帝王，若论在老百姓心目中的地位，大概超过关羽的并没有几个。那么，关羽为什么会享有如此高的历史社会地位呢？这就是关羽的文化内涵所在。我们不妨把关羽和吕布的历史功绩简单做一个展示和比较。

关羽，字云长，河东解人，其祖籍不可考。陈寿《三国志·关张马黄赵传》记载关羽约两千字而已，而罗贯中《三国演义》对关羽的描写可谓鸿篇巨制。

众所周知，关羽的现实社会地位不是受益于《三国志》，而是受益于《三国演义》。在关羽这一人物身上，集中浓缩和体现了中国传统文化的核心——仁义。可以说，关羽在中国历史上是最典型的"义"的化身。中国文化几千年来一直以儒家文化为正统，尽管历代统治者都一直崇尚"内用黄老"，但体现于外的却一直是"外示儒术"。孔子的"仁"和孟子的"义"，构成了儒家思想的基本内核。

关羽的社会意义，概括起来四个字，"重义轻利"。关羽的义，真可谓义重如山。他自与刘备、张飞桃园结义之后。这个"义"字就成了他生命的全部。

他的"义"首先体现在他对刘备的忠诚上。官渡之战前，曹操与刘备由朋友公开反目转为敌人。刘备兵败投袁绍，而关羽和刘备的妻小被曹操设计所困。关羽为了二位嫂子只得暂时屈居曹操处。曹操作为一代杰出政治家当然非常器重关羽，为了得到关羽真是煞费心机。先是选送很多美女，关羽不受；然后又送了重金，关羽不要；最后将稀世之宝赤兔马送给关羽。作为征战沙场的良将，得到一匹宝马，大概是无法拒绝的最大诱惑。而关羽虽接受宝马，但绝不背叛刘备。当得知刘备的确切下落后，便义无反顾，千里走单骑，过五关斩六将，拼死护着二位嫂嫂回到刘备身边。直到他败走麦城，被孙权所擒，仍然坚守"玉可碎而不可改其白，竹可焚而不可毁其节"，视死如归、英勇就义。

关羽的义其次又体现在他对待自己的敌手曹操上。尽管刘备和曹操是水火不相容的敌对阵营，但当关羽接受曹操的赤兔马后，他仍然知恩图报，义字当先。先是斩颜良、诛文丑以报曹公之恩，后来因其过五关斩六将而曹操仍放其归刘，他对曹公更是心内存恩。赤壁之战失败，曹操败走华容道，逃落到关羽手中时，他仍然冒着自己已经立下军令状，全家可能被杀的巨大风险，报答曹操之恩，毅然放了曹操。此时，绝不因对自己的主人刘备之义而废弃对曹操之义。

另外，关羽的义还体现在对待自己的朋友身上。特别是他与老将黄忠交战，为黄忠的人格所动，不仅不杀黄忠而又义释黄忠，最终得到了黄忠义降刘备阵营的巨大回报。可以说，关羽的义是全方位的、完美的。亚圣孟子的"义"在他身上得到了高度升华和凝聚，他理应受到数亿人的尊崇和爱戴。相比之下，吕布则恰好从人格上是一个完全对立于关羽的反面教材。

四

吕布，字奉先，五原郡九原人。陈寿《三国志》卷七记载其约两千多字，篇幅较关羽略多。罗贯中《三国演义》对吕布的描写，完全是当作反面教材鞭挞的。虽篇幅上不及关羽之浓墨重彩，但也占有相当分量。

论武功，三国英雄中吕布当数第一，自然在关羽之上。但论人品则不及关羽百分之一。吕布先拜并州刺史丁原为父，随丁原对付董卓；董卓想除掉丁原但又惧怕吕布，遂采纳李肃之计以金钱和赤兔马贿吕布，吕布便背信弃义，亲手杀了自己叫了多年干爹的丁原，又拜董卓为义父，叫董卓为干爹。并以自己的骁勇，帮助董卓为虎作伥，践踏朝纲。而董卓也正是倚仗吕布之勇而为所欲为，欺君压臣。司徒王允正是利用了吕布的道德缺陷，巧施美人计，将美女貂蝉，先许与吕布为妾，又送与董卓成亲。在关键时刻，吕布为了一个歌妓又亲手杀了自己喊了几年干爹的董卓,将貂蝉抢了回来为妻。李傕、郭汜之乱后,吕布逃出京城。先投袁术,袁术知吕布人格而不要,吕布又投袁绍,后又与袁绍反目。后来又与刘备联合,刘备以徐州相送,但吕布最终又背叛刘备。后在白门楼终被自己手下小将宁宪所抓献与曹操。吕布在被曹抓获的关键时刻,为求活命又哀求投降曹操,可曹操深知吕布为人,仍果断地将吕布缢死。

吕布的一生恰与关羽形成了鲜明对比。对吕布,李肃的评价为:"勇而无谋、见利忘义",而曹操更是一针见血:"布,狼子野心,诚难久养"。吕布所缺乏的正是这个"义",他为了利反复无常、背信弃义,什么事都能干出来。他的人格是被人们所唾弃的。当然,吕布的出名也不是因为他的盖世武功,而恰恰是他所表现出的那种淋漓尽致的"见利忘义"。

从对关羽和吕布的人格对比,我们可以清楚地看出,义是中华民族文化的根基,是中华民族的灵魂。

五

律师业的健康发展,要求律师事务所必须走规模化、规范化的道路,这也是市场经济完善和发育的必然要求。就全国而言,规模所特别是规范所还并不多。特别是由于我们的同人中确实有那么一批为数不少的"吕布先生",见利忘义,频繁跳槽。不论其获利是否合法,只要有一个律师事务所给自己的薪酬高一点,马上就和原所反目,而后轻身投靠,反复无常。这对律师事务所内部的人心稳定都将是极大的破坏。同时,又滋生和助长了律师事务所之间的不正当竞争。相互诋毁、贬低,严重损坏了律师形象,败坏了律师行风,阻碍了律师事业的发展,必须采取有效措施,加以遏制。

其实,中国自恢复律师制度至今,这期间也确实出现了很多"吕布先生"。历史和现实已经无情地证实,见利忘义的"吕布先生"们最终并没有好的回报。古人云:"天道至公。"连"吕布先生"们自己也常常感到大惑不解,就单个律师业务的承办能力和利润回报来说,自己都感到达到了最佳效果,自己的账算得可谓精细。可就整体作为一个律师的事业发展来说,为何路越走越窄,越来越曲折和渺茫?

"吕布先生"们的人格缺陷和无知恰恰就表现在此。中国的传统文化自《易经》开始就崇尚一个理念:"善不积不足以成名,恶不积不足以灭身",这一理念实际上也被世界性的宗教教义所认可。

律师是一个崇高职业，也是一个高智商、高文化素质的职业。作为中华民族的知识分子，不论出现什么样的利益冲击都不应把个人利益放在第一位。"吕布先生"们的人格是低下的，"修身、齐家、治国、平天下"是中国知识分子一贯的价值取向。早在三千多年前的《诗经》中就咏唱"人而无仪、相鼠有皮"，孔子云："人无信不立。"亚圣孟子则更高举起义的大旗疾呼："舍生取义"，生命可以不要，但义不能丢。与生命比起来，利又算得了什么？

六

一种不良社会现象的出现，往往都有其深刻的社会背景。用行政手段扼制，毕竟还是有限的，有时候还真是"锁君子不锁小人"。而从文化根基上分析律师行业中的"吕布现象"，可以使大家都能从源头上找到根，认识到根。从理念的深层形成一种理性共识，这种人就是吕布之辈，见利忘义之徒；这种人脑后永远有"反骨"，能背叛别人，迟早也能背叛你。不要对他们的骁勇产生依靠，更不要对他们暂时取得的小利加以赞赏。这样的话，"吕布先生"们就没有跳槽的资本和市场了，岂不事半功倍、正本清源？

从传统文化的根源分析探究现实社会的现象是笔者学习思考后得出的一点启示，意在寻找一种新思维方式和角度，目的是抛砖引玉，不奢望马上立竿见影，只管耕耘、不问收获。只要大家坚信，关羽是我们的榜样！

愿律师同人，多一些关羽、少一些吕布。我们的目的就达到了。

1998 年 5 月

律师素质漫谈

——在纪念《律师法》颁布三周年和恢复律师制度二十周年座谈会上的即兴发言

今天是《律师法》颁布三周年纪念日，也是我国律师制度恢复二十周年纪念日。感谢市司法局召开这样一个座谈会，为全市律师提供这样一个交流、感慨的机会。

我个人从事律师执业九年了，和恢复律师制度的二十年相比，还不到一半。谈律师的素质，从经历上，不是最有发言权的人。但这一直是我思考的一个问题。

中国律师应该具有什么样的素质，除了它的共性特征外还有哪些个性特征？这个问题很复杂，涉及政治、经济、文化等方方面面的问题。到目前为止，我还没有见到在这个问题上讲得很有深度又对实践有指导意义的文章。

律师是现代法治社会的产物，律师制度恢复二十年的历程，恰恰是改革开放二十年的历程。

党的十五大提出了"依法治国"的方略，九届人大二次会议又把"依法治国"写入了《宪法》。中国律师目前正面临一个新的发展机遇。律师的素质是一个很宽泛、很大的话题，我这里仅从实践的角度、从社会文化的角度谈一点个人看法。主要从两个方面来谈，一是道德素质，二是业务素质。

一、中国律师的道德素质

目前，全国范围内在党政领导干部中正进行"三讲教育"。我觉得倒是有必要把这个教育活动也在广大律师中开展一下。社会的法治化造就了律师，经济的市场化又发展了律师。搞市场经济，一切都商品化、货币化，特别是我们律师行业中现在的商品化味道太浓。一切都以货币为中心，造就了律师的道德水准严重下降。

我觉得，在道德素质上我们应该坚持以下三个方面的标准。

一是要把国家法律的正确实施和社会公共利益放在首位。现在律师界有一种很不好的现象，有的律师完全成了当事人的雇佣军，因为收了当事人的钱，就毫无原则地迁就或怂恿当事人主张非法的诉讼请求，甚至帮助当事人搞假证据，唆使被告人翻供，在法庭上发言严重背离法律原则，违背客观事实的观点等，这些都必须纠正。

二是要有谦虚的态度。律师是法律之师，既然是"师"就要传道、授业、解惑。你要想真的传道、授业、解惑，就得有一套真本领、真能耐。一个优秀律师需要综合素质，孔子说："三人行必有我师。"必须虚心、坦诚地学习汲取各方面的营养你才能站在一个高度。中国有句古话叫作"水惟善下方成海，山不矜高自极天"。我觉得大家应该把这两句话当作座右铭。

三是要有"淡泊名利、宁静致远"的修养。这句话是诸葛亮临终前给儿子的赠言，后来成为中国知识分子追求的一种高尚境界。我觉得我们的律师都应该去追求这种道德境界。但这一点很难做到。律师只有出了名才可能有利，出不了名就很难有利。我想请大家注意，淡泊名利不是不要名利；最高的境界，就是淡泊名利。

二、中国律师的业务素质

谈到律师的业务素质，我觉得把《红楼梦》里太虚幻境的一副对联拿来倒是很贴切："世事洞明皆学问，人情练达即文章"，归纳起来就八个字："世事洞明、人情练达"。这些年来我一直思考这八个字。律师是个很特殊的职业，平常大家都总说，一个好律师要有"三子"，也就是嘴头子、脑瓜子、笔杆子。但内行人细细琢磨又觉得还不尽然，请大家也细细推敲一下这八个字。

社会上都认可律师是个高智商、高文化、高修养的职业群体，或者换句话说就是社会精英，在世界范围内对律师的要求都很高。那么，一个优秀的律师应该具有什么样的标准呢？我觉得用"博学之、慎思之、慎行之"概括非常恰当。实际上归纳起来是六个字，请大家好好品味一下这六个字的含义。

第一，博学。这是说好律师应该是通才，知识面要广博、要博览群书、触类旁通。所谓"通"，应该包括两个方面，一是内通，二是外通。内通是指对法律本身要通，不能一知半解，更不能搞民事的不懂刑事、搞行政的不懂经济。外通是指法律以外的知识，一句话，文史哲不分家，学贯中西。

第二，缜思。所谓缜思就是脑瓜子要好，要有精细严密的逻辑思维能力和敏捷深邃的洞察力。思考问题不能有漏洞，否则就要失败。要善于思考，能发现别人不能发现的问题，想出别人想不出的办法，这一点对律师特别重要。

第三，慎行。律师业务独立性很强，不论做任何一件法律事务，你都是当事人的参谋长，甚至是司令官，当事人都听你指挥，这个时候你就是决策人。对于当事人来说，案件成败意义重大，而且法律事务涉及方方面面的社会关系，稍一不慎就要出问题，有时很可能给社会造成不稳定因素。我劝大家给当事人决策一定要慎行，不能低估自己的影响。

另外，不论哪个国家律师水平都良莠不齐。英美法系国家的律师等级分明，我们国家还没有等级划分，社会上都普遍关心律师的水平等级问题，我这里从两个角度提出两个标准，大家看看是否合理。

第一，从知识的角度划分，我觉得可以划分成这样三个层次。第一等是"知其所以然者"，也就是不仅懂得法律是如此规定的，也懂得为何要如此规定；第二等是"知其然者"，这一等只知道法律有这样的规定，但理论依据是什么就不知道了，这一层占大多数；第三等是"不知其然者"，这一等遇到问题连法律有没有这样的规定都不知道，这就很差了，占少数，但确实大有人在。

第二，从处理问题的能力上划分，也可以划分为三个层次。第一等是谋略家，处理问题要懂得谋略，要懂得从宏观上把握整个事情的发展，全面分析利弊得失，然后作出相应的决策；第二等是谋术者，谋术者不会从宏观上处理事情，往往就事论事，想出一些小谋术，常常顾此失彼，不易胜算；第三等是谋食者，这等就较差了，只是把做业务当作谋生的手段，遇到问题不去想，或不去多想，这万万要不得，希望我们的队伍中这类人少一些。

以上是我个人对律师素质的思考与理解，不希望成一家之言，只要能引起大家思考，目的就达到了。

1999 年 6 月

当法律服务成为一种文化

文化，一种群体共同遵守的生活习惯，一种群体人格，一种群体精神价值。

法律服务，现代人类最基本的生存需求，也是最根本的人格保障需求，更是最重要的精神价值需求。

让法律服务成为一种文化。这在政治、经济、法治比较发达的国家正是一种极其合理、平常的存在。

当法律服务成为一种文化，不论是一个国家、一个地区还是一个民族，就注定已经脱离了野蛮、愚昧、落后，一定已经走向了文明、富强、发达。

一部人类文明史与法治史早已清晰地演绎出这样一条规律，衡量一个国家的文明和法治水平主要看的行业群体，一个就是律师。律师的作用越重要，则说明国家的文明和法治水平就越高，更说明这个国家的法律服务文化越发达。因而，"律师兴则法治兴，法治兴则国家兴"，这已经是党的十八届四中全会的精神所在，这只有最终成为中华民族的共识，成为整个民族的共同信仰，才会演化为国家和民族的福祉。

现代法治文明起源于欧洲，起源于古罗马，起源于地中海的商业文明。地中海的发散、辐射型特殊地理位置培育和造就了古罗马的商业文明。而商业文明的最根本需求便是平等交易、便捷交易、安全交易。因而，规则乃是实现交易的最根本保障。规则呼唤法律，而最终实现规则便一定呼唤法律服务。古罗马发达的商业文明造就了制定规则并且实现规则的专业法律人，于是乎便自然而然地出现了罗马法，出现了法官，出现了律师……

中国的封闭型独特地理位置造就和培育出了农耕文明和游牧文明，而农耕文明又始终居于主导和主体地位。悠久的农耕文明历史又造就了宗法文化、家族本位文化、官本位文化、中庸文化、无讼文化、非宗教价值文化……

游牧文明尽管曾一度成为整个国家的统治者，但其秉持的游牧文化始终没有占领主导文化地位，最终被农耕文化所异化。当然，游牧民族的生存独立性更强，交易性更差，其对于规则及规则评判的需求更低。

宗法文化排斥整体社会规则，更排斥解决争端的裁判机制。因此，中国数千年的法制史里，只有刑法而缺乏民商法，一切矛盾纠纷都被宗法规则吸收溶解，实现规则的服务自然无关紧要，可有可无。

家族本位文化更注重家族规则而排斥社会规则，在一个家长享有绝对至高无上统治权的家族里面解决争端，规则并不重要，实现规则的程序和为之提供服务更毫无价值。

植根于农耕文明土壤的儒家文化又在中国文化中始终处于核心和主导位置。孔夫子为我们描绘了一幅"无讼"的未来世界，"听讼，吾犹人也，必也使无讼乎！"

民主与法治乃是全人类共同的价值和精神，而真正实现民主与法治，法律服务乃重中之重。我们期望党的十八届四中全会成为一个伟大的转折，如是则国家幸甚，民族幸甚；如是则法律服务一定会成为一种文化。

2014 年 11 月

非学无以广知，无才不足寄命

——读马启智诗集《大地行吟》有感

  和启智主席相识，想来已有十八个年头了。由于地位上的差距，再加上我一直尊之为长辈，彼此间的认识总免不了雾里看花，水中望月，有朦朦胧胧之感。在偶尔短暂急促的相见交流中，只是隐约感觉到他不仅是个大官，而且是一个很不一般的大官。一是他的人品，二是他的知识，三是他的见解。

  作为一名准封疆高官，他给我的印象除了"忙"还是"忙"，很难把他和寄情山水、舞文弄墨联系起来。2004年国庆节长假上班后，偶然在《宁夏日报》上看到了他游览黄鹤楼和神农架的诗作，我感到很是吃惊。如此忙碌的官员怎么会有兴趣写诗？后来他的诗作便经常见诸报刊，直到这次看到整本的诗集，我才突然感悟到他人生境界所发生的巨大变化。孔子云："五十而知天命，六十而耳顺，七十而从心所欲不逾矩。"

  六十岁，耳顺之年，人生的一个关键转型期，到了"拿得起，放得下，听得进，放得开，游刃有余"的境界了，圣人毕竟是圣人！六十岁，人将步入老年，使我不禁想起了一句古训"英雄到老皆皈佛，宿将还山不论兵"。

  人的一生，大致应该有三种境界。第一种境界，即孔子所说的"饮食男女，人之大欲存焉"的最基本境界。不论任何人，首先必须得吃饭穿衣，必须男女结合，繁衍后代，否则人类便无法存在，这是生存的基础。管仲说："仓廪实而知礼节，衣食足而知荣辱。"

  有了第一种境界，人们才能向更高的境界追求，也就是第二种境界，即儒家所提倡的"修身齐家治国平天下"。具体便是孔夫子在《礼记》中所描绘的大同世界："故人不独亲其亲，不独子其子……"有志之君子不仅要自己吃好、穿好、有后代，还要使天下人都能吃好、穿好、都有后代。用孙中山先生的话来说就是要平等、博爱。

第三种境界便是追求道德和精神修养的最高境界了，孔子所谓"朝闻道，夕死可矣！"便是如此。做人要"君子坦荡荡"。为了追求这种境界可以"弃天下如敝屣，薄帝王将相而不为"。所谓"我不下地狱谁下地狱"。

在现代西方国家，尽管科学技术非常发达，但基督教文化却又根深蒂固。宗教文化与自然科学并行不悖便是最好之例证。这本诗集能够明显反映出作者人生境界由第二种境界向第三种境界的转换痕迹。作为一名高级领导干部，他不禁高唱**"我辈自当再奋勇，民富国强立尊严"，"抱定终生为民博，何惧人言雷雨声"**而情为民所系；也飞动神思，憧憬着**"冀希南水北调日，春绿再还我家园"**的美好未来而利为民所谋；更思考着**"浮图胜造严管行"**的为政之道实现权为民所用，以达到追求精神和道德境界的升华。

司马光在《资治通鉴》中归结道，最好的官应该是德才兼备，两者如不可兼得，则先求其德。"无才而求德"是迫不得已而为之的事，实际上，官员的才能还是至关重要的素质。

汉武帝云："盖有非常之功，必待非常之人。"大凡重要的领导岗位上，如庸人执政，实际上是为害一方。纵观古今中外，天下事误于坏人、小人的毕竟是少数，而绝大多数都误于庸人。孔子曰："今吾于人也，听其言而观其行。"从作者"言而有信"的为人到诗集所言之志、所叙之情，其德、其才昭然出众，不仅在本民族干部中少见，在所有干部中同样不多。

或许会有很多人对这本诗集不以为然。高级干部吟诗、题字、弹琴无非是附庸风雅而已。反过来思之，在我们那么多高级干部中能吟诗、题字、弹琴的又有几个呢？实际上，琴棋书画对于为官者的人身修养至关重要。"绝利一源，用师十倍。"任何一个人，他总会有爱好，如果这方面无爱好，那其他方面的爱好就会加倍强烈。而高级干部的不良爱好，往往都是别人下手攻击的致命弱点。领导干部在公务之余以吟诗、题字、弹琴这种修身养性的良性爱好来充实自己，这本身不是一件非常大的好事吗？

这些年很多高级官员纷纷落马，大多是因为没有良性爱好而陷入赌博、色情的不良爱好而不能自拔。更值得一提的是，在这本诗集中同时还刊印了作者的一些摄影佳作，这更表现了作者对真、善、美的追求。

中国文化有一个明显不同于西方文化的特点，就是文史哲政不分家。政治家往往都是文人、史学家和哲学家。苏东坡的"不知天上宫阙，今夕是何年？”张若虚的“江畔何人初见月？江月何年初照人？”虽是诗词，但表现出的是极深刻的哲学命题。我们同样在这本诗集中看到了闪烁着作者对哲学问题思考的诗句："宝刹千年大雄殿，文殊圣境第几重？""滴水穿凿运化功，青山有容巧镂空。"更发现了作者对历史与现实的沉重思考。"神佑市民应无恙，无奈贫富两人间。"

当然了，我们不能仅凭一本诗集来给一个高级干部定论。孔子云："政者，正也。其身正，不令而行；其身不正，虽令不从。""为政以德，譬如北辰，居其所而众星共之。"我们更应寻找作者诗言其志的行为结果。尽管作者自己认为"五年功过何足论，评论只在青史间"。但无论如何，其言、其行都是值得我们推崇和学习的。

我绝不是想说这本诗集和作者完美无缺。天下哪有尽善尽美的人和事呢？就人而言，作为一个居庙堂之高的干部，他自然也有很多无奈，诗中所表现出的"何惧人言雷雨声"的心声，同样暗含着太多太多的无奈。因而，我常常想起左宗棠评价曾国藩的那副对子："知人之明，谋国之忠，自愧不如元辅；同心若金，攻错若石，相期无负平生。"

平心而论，我们的高级干部有几个能达到这种境界？就诗而言，韵律、平仄、语序都不能说没有瑕疵，作为公开出版发行的出版物，会有一个不特定的群体为读者，我们不仅要给读者营养，也要注意符合读者的口味。

对于从政，我是个局外人；对于诗歌创作，我是个外行。于情于理都轮不到我说长论短。但有感而发总不是坏事。写了这么多，实际上想说的只有一句话：愿我们的干部多一些像这本诗集的作者这样的领导！愿我们的干部都能以本文的题目为立身之本，那将是中华民族最大的福祉。

2005 年 5 月 6 日

神秘的西夏故国欢迎您！

尊敬的各位领导、女士们、先生们，大家好！

我们是来自西部的宁夏回族自治区的律师代表。或许，一听到西部，您立刻浮想到的是贫瘠、荒凉和落后。多少年来，这似乎一直是西部的代名词，更是我们宁夏的代名词。然而，当您因为某一种机缘而不经意地踏上这块神秘的土地时，您就会马上被她的美丽和雄浑所吸引，为自己能够有幸踏上这片土地而兴奋和自豪！那浓郁的回乡风情，神秘的西夏文化，雄浑的大漠风光，秀丽的山水景色，特别适宜人类居住的生态环境，会使您流连忘返、深深陶醉。贫瘠、荒凉和落后这些字眼就会让您感到她早已成为尘封久远的文物而一去不复返！

宁夏是我国回族最集中的省份，信仰伊斯兰教的回族群众占全区人口的三分之一以上。屹立在宁夏山川的大大小小三千多座清真寺建筑，散发着浓郁的阿拉伯文化气息，再加上头戴白帽、身着民族服饰的穆斯林兄弟走向清真寺并礼拜的诵经声，仿佛使您置身于西亚中东地区的异国他乡。宁夏穆斯林与阿拉伯国家天然的文化血脉关系，给宁夏与中东地区的经济文化交流带来了极大的便利，也给到宁夏投资置业的客商孕育了无限的商机。

宁夏虽小，但有着悠久的历史和独特深厚的文化底蕴。清朝末年，由比利时考古学家在宁夏灵武横城堡所发现的水洞沟遗址，属于距今三万年以前的旧石器时代文化遗址。她的发现,将人类文明的历史向前推到了三万年以前。

距今一千多年前由党项人所建立的与大宋、大辽三分天下的西夏王朝，长达二百六十多年的统治历史以及独创的西夏文字给中华文明留下了浓墨重彩的一笔。当您踏上这神秘的土地时，西夏王朝所留下的大量遗迹会深深地震撼和感染您的心灵。位于贺兰山东麓的西夏王陵建筑群，是昔日西夏王朝的皇家陵园。那全世界独一无二的建筑风格和韵味被誉为"东方金字塔"。

"安史之乱"后，唐玄宗李隆基出逃四川，太子李亨在宁夏灵州登基，朔方节度使郭子仪在灵州起兵平叛，拯救了大唐帝国，使唐朝的历史向后延续了一百多年。可以说，没有宁夏灵州就没有后唐的一百多年江山。如果您能踏上这片神圣的土地，就可以凭吊古灵州遗址，凝视古长城的沉重，瞭望烽火台的伟岸，追寻唐朝边塞诗人的遗迹……如果您已经看惯了南国的青山绿水，那么就请您来宁夏欣赏"大漠孤烟直，长河落日圆"的雄浑吧。

宁夏不仅有着悠久的历史文化，今天，宁夏人民更创造了灿烂辉煌的现代文明。1936年，中国工农红军长征一年多终于到达宁夏境内。长征的胜利会师激发了一代伟人毛泽东的豪迈胸襟。在宁夏固原市的六盘山上，毛泽东写下了壮丽不朽的词章《清平乐·六盘山》，宁夏人民正是在毛泽东同志"不到长城非好汉"的伟大精神鼓舞下创造了一个又一个奇迹。

黄河虽长，然而"天下黄河富宁夏"，因为黄河水只在宁夏银川平原可以自流灌溉，被誉为"塞上江南"。

宁夏虽小，但物华天宝，人杰地灵。地下埋藏着丰富的宝藏，仅一个灵武煤田的原煤储量就相当于东北三省的总和。红枸杞、山羊绒、贺兰石、滩羊皮，这些宁夏独有的物产会给您实现高品位的生活提供独特的物质来源。

毛乌素沙漠虽然荒凉，但造就了中国最著名的影视城，托起了"中国电影从这里走向世界"的梦想，成就了《红高粱》等大批影视作品的世界大奖，捧出了张艺谋、巩俐等众多世界级明星的辉煌。在宁夏镇北堡影视城所拍摄的电影在全世界得奖之多，全国第一。

今日的宁夏首府银川市就是西夏故国的首都。今天，她已经成为西北地区重要的区域中心城市，而且银川市的生态环境和城市整洁亮化程度在西北地区名列前茅。

改革开放以来，宁夏的经济实现了腾飞。宁夏已经成功举办了第七届少数民族传统体育运动会，第十三届大众电影金鸡奖、百花奖等重大活动，完全具备了承办大型会议的能力。同时宁夏的律师业也得到了高速发展。宁夏律师数量虽少，但人才济济，在2001年全国电视辩论大赛上，一举夺得了第四名的优异成绩。

来吧！广大的律师朋友，西夏故国欢迎您！沙坡头天籁般的地下鸣钟声等着您！沙湖一望无际的芦苇和浩渺的碧波等着您！西夏王陵的神秘等着您！镇北堡影视城的明星梦等着您！回族手抓羊肉和油香馓子的美味等着您！民族英雄岳飞"踏破贺兰山阙"的伟大气势召唤您！我代表宁夏六百名执业律师真挚地希望第六届全国律师论坛能在宁夏举办。

2004 年 10 月 25 日·合肥

神秘的西夏故国再邀您来探秘！

尊敬的各位领导、各位同人、女士们、先生们，大家好！

去年十月，在安徽合肥举办的第四届全国律师论坛上，我代表宁夏律师协会，代表宁夏六百多名执业律师，代表宁夏全区回汉人民，真诚地邀请所有参会同人到我们美丽的塞上江南，到我们神秘的西夏故国，到我国伊斯兰文化最深厚的回乡，欣赏浓郁的回乡风情、神秘的西夏文化、雄浑的大漠风光，同时发表您的真知灼见，释放您的激情。或许是我们的热情不够奔放，也许是我的语言表达过于贫乏单调，没能把一个神秘丰满的西夏故国展示给各位，没能把西部律师的热切情怀倾诉给大家，最终第六届律师论坛花落山西。今天，我们又来了！带着宁夏全体执业律师的期望，带着全区回汉族人民的重托，再次真挚地邀请大家到我们美丽的宁夏做客，到我们神秘的西夏故国探秘，到我们广袤的黄土高原为构建中华民族的东西部共同和谐发展，发挥您的聪明才智！

宁夏虽然没有井冈山的钟灵毓秀，没有宝塔山的雄伟辉煌，更没有大渡河畔、娄山关下的金戈铁马，但我们却有六盘山的灵气。1936年，红军长征胜利会师后，一代伟人毛泽东登上宁夏固原市的六盘山。六盘山的灵气激发了毛泽东的豪迈胸襟和灵感，写下了千古不朽的词章《清平乐·六盘山》，唱出了"不到长城非好汉"的伟大不朽精神。"不到长城非好汉"是红军精神，也已经成为宁夏人民的精神，更是我们宁夏律师的精神。在这种精神鼓舞下，宁夏人民创造了一个又一个奇迹；在这种精神激励下，我们一定要成功申办第七届全国律师论坛。尊敬的律师朋友，难道您不想到六盘山上亲身感受她的灵气吗？

宁夏虽然没有周口店的山顶洞，没有安阳的殷墟，更没有秦陵和兵马俑。但清朝末年，比利时考古学家在宁夏灵武横城堡所发现的水洞沟遗址将地球人类的文明历史向前推到了三万年以前。各位同人，难道您不想到宁夏的水洞沟遗址去探寻人类三万年以前的史前文明之谜吗？

宁夏虽然没有诞生过秦皇汉武、唐宗宋祖，但是，没有宁夏的古灵州，就没有汉武大帝征服匈奴的伟大历史功绩；没有宁夏的古灵州，更没有大唐帝国后期的一百多年历史；没有宁夏的古灵州，就没有唐肃宗李亨、朔方节度使郭子仪的丰功伟绩。各位朋友难道您不想到宁夏来凭吊古灵州遗址，凝视古长城的沉重，瞭望烽火台的伟岸，追寻王维、岑参等大唐边塞诗人的遗迹，探寻这片神奇土地的秘密吗？如果您已看惯了南国的青山绿水，就请到我们宁夏来欣赏"大漠孤烟直，长河落日圆"的雄浑吧！

当您翻开中华民族的历史长卷，由党项人所建立的西夏王朝长达二百六十多年的历史总会使您魂牵梦萦，挥之不去。今天的宁夏不过是西北一个最小的省份，但一千多年前，在这片土地上曾经诞生的西夏王朝不但能与大宋和大辽三分天下，而且以其独特的西夏文字和西夏建筑给中华文明留下了浓墨重彩的一笔。今天的宁夏首府银川就是昔日西夏王国的首都，如果您能来到宁夏，您就会一睹独特的西夏文字的魅力，就会观赏到位于贺兰山东麓的西夏王陵建筑群，看到全世界独一无二的"东方金字塔"的风采，更能了解一代天骄成吉思汗的铁骑能够横扫亚洲大陆，但他伟大的生命在西夏王国终结的历史之谜。从而真正发现和了解这个神秘王朝是如何崛起，又如何在历史长河中消失的。

当全世界的目光一次又一次地集中在中东、集中在海湾、集中到伊拉克、巴勒斯坦的时候，您也许非常想了解这个在全世界拥有十五亿人口的伊斯兰民族。那么就请您到宁夏来吧，在宁夏，信仰伊斯兰教的回族占全区人口三分之一以上，在宁夏山川屹立着大大小小三千多座清真寺建筑，散发着浓郁的阿拉伯气息。当您听到清真寺里礼拜的悠扬诵经声时，仿佛已经置身于西亚中东的异国他乡。宁夏回族与阿拉伯国家天然的文化血脉联系会给到宁夏投资置业的客商孕育无限的商机。

宁夏虽小，但物产非常丰富。仅一个灵武煤田的原煤储量就相当于东北三省的总和。红枸杞、山羊绒、滩羊皮这些独有的物产会使您流连忘返。宁夏镇北堡影视城的建设投资只是全国其他大型影视基地的几十分之一，但在这里拍摄的影视作品在全世界得奖最多。她成就了《红高粱》，也成就了张艺谋、巩俐，托起了"中国电影从这里走向世界"的梦想！

今天，宁夏的经济已经实现了腾飞，并已成为全国的重要能源基地。宁夏已经成功举办了第七届全国少数民族传统体育运动会，第十三届大众电影金鸡奖、百花奖等重大活动，完全具备了承办大型会议的能力。同时宁夏的律师业也得到了高速发展。宁夏律师数量虽少，却人才辈出。在 2001 年全国律师电视辩论大赛上，一举夺得了第四名的优异成绩。

来吧！广大的律师朋友，再次邀请您到西夏故国来探索秘密。沙坡头天籁般的地下鸣钟声等着您！沙湖一望无际的芦苇和浩渺的碧波等着您！西夏王陵的神秘等着您！镇北堡影视城的明星梦等着您！回族手抓羊肉和油香馓子的美味等着您！民族英雄岳飞"踏破贺兰山阙"的伟大气势召唤您！我代表宁夏六百名执业律师真挚地希望第七届全国律师论坛能在宁夏举办。我们要说：构建和谐社会，不能忘了西北地区的律师。

最后，让我用我们民族独特的方式欢迎大家到宁夏，**"安斯俩么尔来孔！"**

2005 年 11 月 5 日·天津

二○○七，让我们欢聚在西夏故国！

尊敬的各位领导、来宾，同志们、朋友们，大家好！

首先，请允许我衷心地祝贺第六届中国律师论坛以又一种新的辉煌而圆满成功。

感谢中国律师论坛，使我们今天能相聚在美丽的三晋大地；相聚在三代京华、五朝陪都，诞生九位帝王、成就无数英雄豪杰的历史文化名城太原；使我们有幸能够欣赏汾河流水的神韵，沉思晋商曾经的辉煌，聆听清凉佛国的梵音，回味抗日烽火的气吞山河！

感谢中国律师论坛组委会，第七届中国律师论坛终于花落宁夏！

尽管这份荣誉让祈盼中的我们略微有一些迟到的感觉，但它更加显得珍贵，更加显得有意义。这不仅是宁夏六百六十多名执业律师的骄傲，更是宁夏六百万回汉人民的骄傲。

在此，我代表宁夏回族自治区党委、宁夏回族自治区人民政府，代表宁夏六百万回汉人民，感谢中国律师论坛组委会对我们的信任和支持，更感谢所有对宁夏司法行政工作给予帮助和支持的朋友们。

宁夏是我国五个少数民族自治区之一，回族人占到全区人口的三分之一以上。在宁夏山川屹立着三千多座清真寺建筑，散发着浓郁的阿拉伯文化气息。这使我们与中东的阿拉伯国家存在着天然的文化血脉关系，更使宁夏成为中国与中东地区进行经济文化交流的便捷窗口。

另外，我们宁夏虽小，但物产非常丰富，仅一个宁东煤田的原煤储量就相当于东三省的总和，全世界百分之四十的羊绒，百分之二十的钽丝钽粉都出自宁夏。再加上宁夏独有的红枸杞、清真食品等产业为宁夏的经济腾飞奠定了坚实的基础。

几年来，我们大力推进经济结构调整，优化投资软环境，使宁夏的经济建设更具活力。可以说，宁夏是一片肥沃而尚待开发的处女地。我真诚地欢迎各位律师陪同你们的服务企业到宁夏观光，投资置业。

今天的宁夏只是地处西北的一个小省。但昔日的宁夏有着非常悠久、光辉和灿烂的历史文化。

在被称为"塞上江南"的这片古老大地上，不但有距今三万年以前的水洞沟遗址，更有唐肃宗李亨登基的古灵州遗址；诞生过长达 260 多年与大宋、大辽三分天下的西夏王朝，更有红军长征翻越的最后一座高山——六盘山；既发现了亿万年以前的恐龙化石，又建造出了"中国电影从这里走向世界的"镇北堡影视城。一代天骄成吉思汗的铁骑可以横扫欧亚大陆，但他的伟大生命在征战西夏中终结于宁夏而最终没有看到西夏王朝的灭亡。

改革开放以后，我们又开发出了沙湖、沙坡头这些宁夏独有、国内知名的自然景观。我真诚地邀请各位领导、国际友人和律师明年金秋到我们宁夏，领略浓郁的回乡风情，探寻神秘的西夏文化，欣赏雄浑的大漠风光，憧憬秀丽的山水景色！

我们宁夏律师的队伍虽小，但他们发扬"不到长城非好汉"的伟大精神，遵照宁夏回族自治区党委、政府"小省区也能办大事"的发展战略，为宁夏的经济社会建设，为宁夏的民主法治建设作出了不可磨灭的贡献。

可以说，宁夏经济社会的快速发展，离不开宁夏律师优质高效的法律服务。宁夏律师的足迹已经踏遍宁夏山川的各个角落，宁夏律师的业务范围已经深入宁夏社会的各个领域。

特别值得一提的是，宁夏律师在参与政府信访工作，担任政府法律顾问方面更是作出了优异的成绩。在一些市、县一年一度的《政府工作报告》中，每年都专门有为宁夏律师所书写的浓重一笔。所有这一切都为我们 2007 年成功承办第七届律师论坛奠定了良好的基础。

2008 年是宁夏回族自治区成立 50 周年大庆，到 2007 年金秋第七届中国律师论坛在宁夏召开时，为"五十大庆"所建设的各项基础设施均已交付使用。届时，于今年 8 月在宁夏灵武挖掘出的恐龙化石博物馆也将建成，这将为我们办好第七届中国律师论坛提供新的坚实的物质支持。

我相信，宁夏司法厅和宁夏律师协会一定能办好这次盛会。宁夏回族自治区人民政府将从各个方面全力以赴支持办好这次盛会，使第七届律师论坛更具有新意、更加辉煌。同时我们将借本次论坛的机会学习山西、天津等兄弟省市的先进经验，动员社会各界力量，认真组织，精心策划，举宁夏之力办好"第七届中国律师论坛"！

二○○七，让我们欢聚西夏国的首都！

二○○七，我们将以神秘的西夏文化招待大家，我们将用独特的穆斯林清真美食招待大家！

最后，向东道主山西省政府、山西司法厅、山西省律师协会表示深深的谢意。祝各位来宾身体健康，欢乐山西！

谢谢大家！

（此文为作者作为宁夏律师协会副会长于 2006 年 9 月在山西太原举办的第六届"中国律师论坛"上，为宁夏回族自治区政府副主席郑小明先生撰写的申办成功欢迎词。）

2006 年 9 月

辩护如是行大道

——知名律师、学者杨金钟印象

"盖有非常之功，必待非常之人。"

——汉武帝刘彻

场景一

2013 年 11 月 30 日，由北京师范大学刑法学研究院、检察日报理论部、上海金融与法律研究院、方圆律政杂志社共同主办的"中国资本刑法定位与重构高峰研讨会"在北京师范大学高铭暄学术报告厅隆重举行。

中国刑法学泰斗、中国刑法学研究会名誉会长、北京师范大学刑法学研究院名誉院长高铭暄教授，中国刑法学泰斗、中国刑法学研究会会长、北京师范大学刑事法律科学研究院院长赵秉志教授，著名刑法学家、北京大学法学院储槐植教授，中央司法改革办公室副主任、中央政法委政法研究所所长黄太云，中国社科院法学所刑法室主任刘仁文教授，北京师范大学刑事法律研究院常务副院长卢建平教授，最高人民检察院检察理论研究所所长王守安检察官，最高人民法院刑二庭审判长刘为波法官及其他来自最高人民法院、最高人民检察院、公安部、中国证监会、国家开发银行等部门的国内法学界、经济学界的顶级专家、教授、学者型官员汇聚一堂，就如何贯彻党的十八届三中全会精神；在刑事司法改革中让刑法充分尊重和宽容资本的本性；特别是在刑事司法改革中如何体现刑法对资本保护所应该具有的时代性、实践性和前瞻性这些具有前瞻性、挑战性的前沿问题发表真知灼见。

宁夏天纪律师事务所主任杨金钟作为受邀专家、学者参会，并发表了"以股权转让形式实现土地使用权转移及《刑法》第 228 条存废问题之法律思考"的专题演讲。

党的十八届三中全会明确提出："健全归属清晰，权责明确，保护严格，流转顺畅的现代产权制度。"并且决定对农村集体土地设定的限制流通要解禁，这就意味着今后要鼓励农村集体土地进入二级市场流通，农村集体土地将成为农民所享有的一项重要生产资料和重要物权。同时，国家对国有出让土地进入二级市场原先所限定条件的前提已经失去。因此，《刑法》第228条已经没有存在的必要，应该予以废止……

十分钟发言，立意高远、论述深邃、表达简洁，泰斗级的法学家们频频点头，认真记录。包括媒体记者们在内，现场响起了热烈的掌声。

记者题记：在如此高规格的顶级高峰研讨会上，能安排来自西部的律师或者学者发表演讲已属非常不易，而发言能够得到泰斗级大师们的赞许怕是绝无仅有了。

场景二

2013年11月11日，位于北京市西三环的法律出版社六楼顶层花园，宁夏吴忠市律师杨金钟新书《辩护如是》"新书发布会暨增强刑事辩护有效性研讨会"隆重举行。

法律出版社社长黄闽，《民主与法制》总编、知名法学家刘桂明，中央财经大学法律硕士教育中心主任、教授李轩，以及钱列阳、周泽等著名刑事辩护律师，《法制日报》《检察日报》、民主与法制杂志社、中国律师杂志社、方圆律政杂志社等相关媒体记者到会。所有到会专家学者及媒体都对《辩护如是》给予了高度的赞扬和期待。

会议由《民主与法制》总编刘桂明先生主持，法律出版社黄闽社长首先发表讲话表示祝贺；作者杨金钟律师首先就《辩护如是》一书的创作初衷、创作过程、创作理念、结合自己从事刑事辩护工作的体会发表了《远离虚妄、回归理性、追求刑事辩护精神价值》的主题演讲。中国著名刑事辩护律师钱列阳也结合《辩护如是》的出版针对新形势下如何增强刑事辩护有效性，提高中国刑事辩护律师的整体素质发表了演讲。

随后，中央财经大学李轩教授、方圆律政杂志社副主编曾宪文、著名律师周泽等学者、媒体、律师分别从各自的角度结合《辩护如是》一书的出版，就新形势下如何提高刑事辩护能力、增强刑事辩护有效性阐述了观点。

记者题记： 法律出版社系中国最大国家级法律出版社，每年出版新书数百本，由法律出版社社长亲自参加，知名法学家、《民主与法制》总编刘桂明先生亲自主持，多家国家级媒体报道的新书专场新闻发布会则是凤毛麟角。不要说吴忠、宁夏，就是整个西部律师也很少有人受此殊荣。

对自己的新书杨金钟律师如是说："太史公司马迁提道：'究天人之际，通古今之变，成一家之言'。著书立说、传道授业原本是读书人的本分，是读书人有感而发、传承文明的责任。无奈在当下社会竟然都被扭曲了，学术造假、写作抄袭蔚然成风。写书变成了一种时尚，出书成了获取功名利禄的敲门砖，进而'出书'二字似乎已经被注入了贬义元素，甚至掺入了戏说的味道……

当然，我绝不是想说我已经如太史公所云可以成一家之言了，也绝不是想说我书达到了多高的境界，但至少我可以保证都是自己的东西，完全是有感而发而非无病呻吟。如果几十年后仍然有人能够读我写的任何一部书，并开玩笑说：'如是我闻'，那将是对我一生最大的肯定。"

场景三

2007年9月1—2日，第七届中国律师论坛在银川悦海大酒店举行，全国人大副委员长顾秀莲、宁夏回族自治区党委书记陈建国、主席王正伟等领导人均参会，由此造就了中国律师论坛规格最高的一次。而司法部及中华全国律师协会能将第七届论坛交由宁夏承办，竟完全归功于杨金钟律师。正是因为他在天津滨海新区万丽泰达酒店召开的第五届论坛上亲自朗诵了自己撰写的《神秘的西夏故国再邀您来探秘！》申办词。倾倒了所有组委会委员，一举击败其他对手，取得了申办权。

9月2日下午5时，第七届中国律师论坛最精彩的议程——激情辩论活动在宁夏银川悦海大酒店会议中心举行。辩论论题："构筑优秀的律师知识结构，究竟是先见林后见木。还是先见木后见林？"参加辩论的双方是中国律师东部队和西部队。担任辩论的主持人为中国著名律师、深圳律师协会会长李淳。担任辩论点评的专家律师是：北京律师协会会长李大进、上海律师协会会长吕红兵、浙江律师协会会长章靖忠、宁夏律师协会副会长杨金钟。

经过将近一个小时的唇枪舌剑，辩论精彩纷呈、扣人心弦，最终评委一致认为西部队略占上风。所有的西部律师都为之振奋、欢呼。而获得荣誉的西部队辩手律师们则不约而同地走向自己的教练——担任点评专家的杨金钟律师，首先向自己的教练表示祝贺，因为如果没有杨金钟律师将近半个月的辛勤教导，西部律师不可能取得战胜东部律师的骄人佳绩！

记者题记：一个普通律师造就了中国律师论坛的最高峰，创造了西部胜过东部辩论佳绩的辉煌，并毫不逊色地和全国顶级大律师共同担任点评专家，恐怕宁夏律师行业今后再也无法超越这一辉煌。

场景四

2008 年 5 月 14 日，宁夏吴忠市人民会堂，吴忠市副处以上两百多名领导干部齐聚一堂，听取市政府首席法律顾问、天纪律师事务所主任杨金钟律师所作的《物权法》专题报告。市长吴玉才率领市政府、人大、政协十多名厅级领导干部亲自聆听。

报告会由市委常委、政法委书记陈建军主持。杨金钟律师长达两个半小时不间断的讲解深深吸引了两百多名领导干部，中间竟然几乎没有一个人离开会场，市长吴玉才连上洗手间都是一路小跑而去……市司法局的主管领导感慨说，我们组织了无数场的法律报告会，请来的全国、全区的学者教授都有，达到如此效果的，绝对是第一次。

位于吴忠市市中心的国贸大厦是吴忠市的地标性建筑，更是吴忠市的形象工程。所有到国贸大厦游玩的人并不知道，这座大厦能够在两年之内顺利竣工开业，没有像义乌商贸城一样长达四五年时间半截子工程，完全凝聚了杨金钟律师的心血。作为市政府的首席法律顾问，他用半个月时间制作了长达 20 页的合同书，才确保了最终的结果，如此业绩，只有经验非常丰富的合同专家才能够做到。

记者题记：律师是经验型行业，律师不同于学者。一个好的律师，优秀的律师，大师级的律师，不仅要有深厚的理论功底，更重要的是要有丰富的实战经验，归根结底要看结果。自从东北笑星们将"忽悠"一词变成超级流行语后，人们发现学术成果可以忽悠，各种奖励也可以忽悠。但杨金钟律师的这些东西确实无法忽悠。

最后，我们还是用《辩护如是》的作者简介词来结束我们的文字吧："善理性思辨，喜博览群书，长言辞表达，爱周游世界"，这应该是杨金钟律师的一幅素描画。

先后承办刑事案件超过 500 件，有近 30 名被告人被宣告无罪释放，20 余名判处死刑的案件经二审、复核审辩护改判死缓或其他较轻刑罚，大量案件由重罪变为轻罪，绝大多数案件的辩护观点都被采纳，成功代理的民事复杂疑难案件不计其数……

（《吴忠日报》记者　马晓婉）

他生于一个特殊的时代，错过了人生最宝贵的学习时间，却也让他对学习渴望不已；他是一个地道的草根，没有丝毫家学，更没有任何背景，凭借脚踏实地一步一步走来，如今虽算不上辉煌，但也没落入平庸；他主攻刑辩，精于谋略行大道，追求精神价值更心怀慈悲和仁爱。

杨金钟：追求刑事辩护精神价值

——专访宁夏天纪律师事务所主任、宁夏律协原副会长杨金钟

"保障老百姓人权是一项艰巨的工程，绝非一朝一夕，它需要几代，乃至几十代律师共同的努力，更需要一个庞大的律师群体来共同为之奋斗。一个值得推崇的刑辩大律师，不仅要通过自己办案来保障人权，更要肩负起在行业内传道、授业、解惑的神圣使命。追求刑事辩护的精神价值将永远是我的执业宗旨。现在大家都在诉说做刑辩律师的艰难，我觉得虽然难，但我们始终快乐着、不懈地奋斗着。"

这是杨金钟律师在 2014 律政年度精英律师评选会中的竞选演说。字里行间不难看出，他心系百姓，谋至战略，将精神价值和使命作为依托，在中国刑辩之路上砥砺奋进。

杨金钟现任宁夏天纪律师事务所主任、宁夏律协原副会长。他是一位少数民族律师，钟爱传统文化，更喜国学。"'学而不思则罔，思而不学则殆'我一直奉行孔子这句话；我喜欢从生活中揣摩，更喜欢不断地观察和学习。"

怀揣从政梦，放弃所有而投身律政

"我一直怀揣着从政梦，因为政治家可以影响一个社会，决定一个非常大的不特定群体的命运，用自身的优势和才华，厚泽无数人。"杨金钟说。

从出身看，律师这个职业似乎跟杨金钟完全不搭边，他所学的是师范专业，但是偏偏这个有主见的人"自我"地放弃了教师这个神圣的职业。

"我学习师范专业，正常来讲毕业后我自然要当老师。教师是一个崇高的职业，不论在中学还是大学当老师我应该都是个优秀老师。因为除了出色的记忆力和理解能力外，我的语言表达天赋非常突出。如果没有出色的口才，不论是当律师还是教师都很难达到一定高度，更难以成为行业精英乃至大师级人物。"杨金钟如是回忆起了过往的历程。

杨金钟这一代人出生在一个特殊的时代，受"文化大革命"影响较深。从小学四年级开始学黄帅给老师贴大字报，刚上中学又开始学张铁生考试交白卷，整个小学到中学就没有正经学习过，人生最宝贵的学习时间都荒废了。而现在所积累的这点东西都是进入中专和大学后才学习的。

"虽然起步晚，也没有家学，但自诩点说也算大器晚成。"杨金钟坚定地说。上天给了他一个好脑袋，天资聪慧记忆力又好，用他自己的话说：四十五岁之前真有过目不忘之才。由于历史的原因，高中之前基本没有接触过唐诗宋词，也不知道《古文观止》为何书，更不知道"四书五经"为何物。但后来读师范学校的时候，《出师表》《长恨歌》《滕王阁序》这样的长篇文章一周之内可以背会。像《论语》《道德经》《易经系传》《坛经》《金刚经》这些晦涩难懂的原始经典，都是在四十岁左右才接触的，但是仍然可以大段背诵。

这些"超能力"归其原因是因为杨金钟还有一个过硬的看家本领，那就是理解能力强，他说："我从来不会被书所束缚，向来不做书的奴隶，一贯注重学以致用，我非常喜欢孔子的那句话'尽信书则不如无书'。读书要会读书，既要以尊敬的心态读书，更要以批判的心态读书；要读有益的经典著作，特别要读那些原典书籍，千万不要把有限的读书时间耗费在八卦文字上。"

原本这些经历看似都是为他上大学当老师所准备的，然而，他却不这么认为："我一直怀揣着从政梦，不过我的从政梦与众不同。一个拥有权力的官员能影响一个社会，决定一个非常大的不特定群体命运，如果你本身优秀，如果你有超人的才华，你的作用会因为权力而放大成千上万倍甚至更多，因而惠泽无数人。我期盼自己有这样的价值体现。"

正是追求这样的精神价值，杨金钟转而从零开始专心研读法律。"也许你会不相信，直到拿到律师资格证我都没有听过一节法律课。而学习法律完全凭兴趣和执着，更凭我过人的记忆力和理解能力。其实说来也挺可笑的，我学习法律竟然也是从背诵法律条文开始的，那个时候《刑法》的法条至少总则部分是能背下来的。"谈起这些往事，杨金钟更是不由得笑了，那笑很纯真也很幸福。

杨金钟之所以自学法律就是为了自己离开教师行业创造条件而已，参加律师资格考试也是为了这个。幸运的是，1988年国家第一次面向社会进行律师资格考试他就考上了，他也因此调到法院当了法官。"世事难料，阴差阳错，我的从政梦始终没有圆，而最终很不情愿地跑到律师行业却顺风顺水，一干就是一辈子。我的职业可谓是有心栽花花不发，无心插柳柳成荫。四十岁以后明白了，还是古人那句话说得好：'到老方知非力取，三分人事七分天'。"杨金钟说。

刑事辩护　一生的精神追求

杨金钟来自西北的少数民族地区，用他的话"我是少数民族律师"。执业24年来，他多次放弃了到一线城市发展的机会，坚定不移地坚守在偏远、落后的少数民族地区。他说："和发达地区的律师相比，我们参与全国知名性大案要案的几率比较低，因此，在平常的办案当中，获得媒体和公众关注的机会也自然很少。但是，这丝毫不阻碍我对刑事辩护的爱，在我看来刑事辩护业务最终的价值取向是保障人权，而真正需要保障人权的，是那些普通老百姓。任何一个国家，任何一个社会，只有最普通的老百姓的人权得到了保障，说明这个国家才真正享有了人权保障的能力。所以我选择了刑辩领域，也选择了留在那里。"

这段话虽然朴实却蕴含着坚定和感动。

作为在基层、不发达地区从业的杨金钟律师，近30年来，他为保障普通老百姓的人权办理过的刑事案件超过500件，年均超过30件，其中宣告无罪的超过30件，判处死刑以后，经过二审或者复核审改判死缓或其他较轻处罚的案件也超过20件，还有很多案件由重罪名变成了轻罪名，即便没有改变定性的案件也得到了大幅度的从轻处罚。"让我自豪的是我辩护成功率达到了70%以上，为许多当事人争取了最大的合法权利。"

虽然在当地业界杨金钟律师已经享有了相当知名度，已经到了著书立说和创建理论体系的境界，但业务上仍然无法做到专一，刑事辩护、民事代理、破产重组等都做，但是他最擅长、最具建树、最钟情的仍是刑事辩护，谈及原因，杨金钟给出了几点看法。

第一，刑事辩护的业务体量最大，这也是基层律师的优势所在。接触的案件量大、类型多，积累的经验就会更宽广、丰富。即便是那些在一线城市专做刑事辩护的律师，每年的案件量一般也不会超过 10 件，而我在执业初期每年刑事辩护就高达四五十件。现在虽然刑事辩护已不是最大和最主要的业务，但每年仍然有十几件之多。

第二，在刑事辩护领域取得的成就也最大。与那些为高官及社会敏感案件辩护的律师不一样，多年来我一直奉行一个最基本的信条，那就是追求刑事辩护的实际效果，追求刑事辩护的精神价值。

第三，具备刑事辩护律师的优秀潜质最多。多年积累的广博知识加上先天禀赋造就了良好的发散性思维，不论大小、何种类型的案件，我们都能找到别人所找不到的突破口。一件刑事案子要经过公检法三个机关，如果你找不出其他机关所看不到的独特东西，法官很难真正重视，辩护就不会有真正的效果，律师的价值也就很难体现。一个优秀的刑事辩护律师一定要想他人所不能想到的，辩他人所不能辩到的。

他是这样说的，也是这样做的。

在杨金钟看来，刑事辩护不仅仅是一项最基础的律师业务，也不仅仅是为了维护被告人个体的法律权利，最根本的还是体现一个国家的基本人权和法治状况。一个有社会责任感、有担当的律师应该追求刑事辩护的这种精神价值，以此为荣、以此为乐。

从律 20 多年，杨金钟在办案为人方面形成了自己独特的风格。他几乎很少在开庭之前把辩护词写得非常完整然后照念。对此，他有自己的看法："刑辩考验一个律师的法庭表现能力，关键看临场发挥，看二轮答辩，底气、经验、善变、闪电般的反应能力是关键。尽管我在庭前准备非常充分，但辩护仍然就拉一个提纲，根据法庭的实际发展状况临场发挥。"

正因如此，不论是法庭上唇枪舌剑，还是谈判桌上的机敏交锋，杨金钟总能给人留下深刻的印象。有公诉人、法官这样评价他："听杨金钟辩论是一种享受，本来非常错综复杂的案件事实和法律关系，经过他简练、通俗、妙趣横生的语言表述，你会感觉清清楚楚。尤其是他的语言风格，流畅、简洁、起伏有致、跌宕适中、极具吸引力。"

这正是刑事辩护吸引杨金钟的地方，也让他欲罢不能，他坦言："不论我还能做多长时间的律师，不论在其他业务领域我能创收多少，刑事辩护我都不会放弃，我会一直追求刑事辩护的精神价值，追求刑事辩护的乐趣。"

律师本则　不为权力不忘初心

改革开放以后，我国律师团队快速发展，短短三十多年时间，中国律师的规模已经达到二十六万之众。然而，其中不乏以谋利谋权为目的的人，而且不在少数，这就让社会对律师这个行业产生了极大的误解和不信任。

"其实有很多律师是本着律师职责，为老百姓，为国家服务的。"杨金钟说，"我认为，从基本知识素质上可以把律师分为四级。第四等级的律师是'不知其所以然者'，也就是碰到具体问题的时候连是不是有这方面规定都不知道；第三等级的律师是'知其所以然者'，这类律师遇到具体问题不但知道有没有具体规定，还能清晰知道是否属于法律调整的范畴以及应该走的程序；第二级的律师则称之为'知其然也知其所以然者'，这类律师不仅知道有法律规定，还知道为什么会这样规定，可以举一反三、触类旁通地分析和解决问题；而最高一级的律师就是凤毛麟角了，这类律师不仅知其所以然，而且能够站在历史发展的高度阐释法律、批判法律、创制新的理论体系。"

杨金钟表示，第四级的律师根本不合格，正是因为他们的不为让律师行业蒙受冤屈；而最高层次的那部分律师又绝非人人都可以达到；因此绝大多数律师应该要做到知其然，这应该是做律师的底线；想成为优秀或精英律师，就必须达到知其然并知其所以然。当然这都是从法律知识的角度进行的评价，但作为一名优秀律师，又绝不是仅仅具备法律知识就可以了，更重要的是要有分析问题和解决问题的能力。

"从处理和解决问题的角度看，律师也可以分为三种类型。"杨金钟说，"最低一个层次叫作'头痛医头脚痛医脚型'，这类律师分不清事情的轻重缓急和重点精要所在，处理问题毫无章法可言，大多是头痛医头脚痛医脚，甚至拆了东墙补西墙；中间层次的律师可以称之为'战术型'律师，他们知道事情的轻重缓急，也明白紧要所在，具备相当的战术水平，这应该是大多数律师所具备的底线标准；而最高层次的律师应该称之为'谋略家型'，这类人就像围棋大师一样，能够站得很高，能总揽全局，善于从宏观上分析和把握问题，能够看到五步以上的棋局。"

而作为一名优秀的诉讼律师，又必须具备三个方面的条件。一是思维能力，二是语言表达能力，三是文字表达能力。思维能力已经包括在前面处理和解决具体问题的能力中，属于"道"的层面。而语言和文字表达能力则属于"术"的范畴，是最基本的素质。不论是文字表达能力还是语言表达能力，最优秀的标准说起来也很简单，用孔子的话说就是一条："辞达而已！"用现代汉语解释就六个字，准确、鲜明、生动，但是真正能够达到这个标准又非常之难。

将一生主要精力放在刑事辩护案件的杨金钟，执业二十多年来，不忘初心，不畏权力，不贪权贵，只为维护正义，问心无愧！他常常告诫学生们：当事人花钱请你，不是让你到法庭上去练口才的，刑事辩护的最终目的还是要维护当事人的合法权益，追求刑事辩护的精神价值。

慈悲仁爱 提笔著书砥砺奋进

我国有着丰厚的文化底蕴，至今传统文化都深深影响着我们，引导着我们。

和许多人一样，杨金钟是一个国学迷，他不仅对整个人类和世界的价值观有清晰独到的见解，而且引经据典、旁征博引，儒、释、道三家经典语句信手拈来，足见其国学功底；同时对历史、医学、地理、宗教、文学等涉猎非常广泛。

为何要涉猎如此庞杂的学科？他郑重地说："一个人要想走到行业顶峰，或者你想成为大师，没有广博丰富的文化底蕴和良好的道德修养是不可能的。越往上走就越艰难，所谓高处不胜寒就是这个道理。当你走到顶峰的时候，你就是一座山，别人想越过去是非常困难的。"

2013 年 11 月 11 日，法律出版社六楼顶层花园内，杨金钟律师新书《辩护如是》发布会如期举行，众多媒体悉数前来，杨金钟面对本刊记者侃侃而谈。

"我不是想说我现在已经如太史公所云可以成一家之言了，也绝不是想说我的书达到了多高境界，但至少可以保证都是自己的东西，完全是有感而发，绝非无病呻吟，任何读者在这本书里都会得到自己想要的东西……"

对于著书立说，杨律师有自己的独到见解：如果你想让自己的思想和经验惠及无数人，想让这种效应扩大化，著书传道是最佳的选择。因此，他自己后半生将把大量的时间用于著书、讲课，传道授业解惑，想更多地留下一些精神层面的东西……他还正在写一本刑事辩护纯理论技术方面的书《辩护智慧》，相信其期望值要高于《辩护如是》。

著书立说自然属于传道的范畴，除了法律领域杨金钟还一直在写一部游记体著作，书名初步定为《法眼的视野》分为国内篇和国外篇两部。"这当然不是一般意义的游记，主要偏重人文文化和法治文化，形式上类似于余秋雨先生的《文化苦旅》，但侧重点完全不同。"杨金钟介绍。

六十岁以后杨金钟还想写一部关于犹太教、基督教、伊斯兰教三教概括、抽象、思辨的宗教文化著作。他就是这样，是一个有自己主见且踏实前行的人。

"水惟善下方成海，山不矜高自极天"是杨金钟的座右铭，他坦言自己非常欣赏水的品德，老子说："水善利万物而不争，处众人之所恶，故几于道。"我们这个世界百分之七十是水，人体百分之七十也是水。水总处在最不显眼的地方，最低的地方，滋养着人类和生命世界，但从来都不显示自己。水虽然柔弱，又非常坚强有力。既能滴水穿石，又能汇聚出大海的磅礴。

翻开杨金钟的履历，似乎没有太多的波澜，也没有大起大落，一切都随心而动，率性自然，但平凡中又分明显示着难以企及的不平凡。他身上没有学院派的矜持，也没有雕琢和做作，更多的是自然、率真、平实、深邃和通达。

（《今日中国》记者　闫晨曦　钟　伟）

远离虚妄，回归理性，
追求刑事辩护的精神价值

借拙作《辩护如是》首发之机，就今天会议的主题谈几点看法，希望各位指正。

今天是 11 月 11 日，在这个吉祥特殊的日子里，恰好遇到了北京非常非常难得的朗朗晴天，在法律出版社六楼这个吉祥的地方共同庆祝拙作出版，共同探讨这样一个非常有现实意义而且沉重的话题。老子在《道德经》中说："无，名天地之始；有，名万物之母。"无即 0，有即 1。一元复始，万象更新，1 是一个万物开始的吉祥数字，充满期待的数字，因此我们今天的研讨会更充满期待，意义深远。

如同我国的整体刑事审判现状一样，中国的刑事辩护现状更加堪忧。除了刑事审判法庭上辩护律师的身影稀疏寥落，越来越多的刑事辩护律师都在逐步远离理性、远离思辨而走向感性……

党的十八大以后，特别是伴随着新修改《刑事诉讼法》的生效实施，2013年应该是我国刑事审判领域的一个重大转折点。虽然尚不敢说能够迎来刑事辩护的春天，至少是出现了一个重大转机。因而作为从事刑事辩护的广大律师来说，应该借助这个转折点，并以此为契机，重塑形象，回归理性，回归本来……

一、追求刑事辩护的精神价值

孔子云："朝闻道，夕死可矣。"孔夫子所说的道和我们今天刑事辩护律师们追求的道本质上应该是一致的。孔子在《礼记·礼运》篇里提出："大道之行也，天下为公"，因此中国知识分子一直奉行"修身齐家治国平天下"的价值理念。作为刑事辩护律师追求的"道"应该是什么？当然是保障人权，公平正义。为了追求这个道，达到道的层面，我觉得一个刑事辩护律师的最高境界应该是将刑事辩护活动上升到一种精神层次而不是单纯的物质层次；将充满对抗的刑事辩护活动体会为一种精神享受而不是殚精竭虑的思维和劳动。只有这样才能迸发出超常的创造力，归纳出新颖而有价值的辩护观点。孔子在《论语》里面还有一句话我觉得对我们做好刑事辩护更有意义："知之者不如好之者，好之者不如乐之者。"我们只有将刑事辩护作为一种精神追求，不仅好此道，更要乐此道，以刑事辩护为乐才能达到最高的业务境界。

二、让法律成为我们心中的信仰

没有国家和民族整体法治水平的提高，就没有刑事辩护行业的进步和发达，也就没有刑事辩护律师的光明前景。一个国家刑事辩护业是否发达一定受制于国家整体的人权水平、法治水平。而推动国家整体法治水平和人权保障水平的提高，从事刑事辩护的律师们应该走在前面，责无旁贷地成为先行者、探路者、开拓者，甚至应该成为牺牲者。鲁迅先生说："自古以来就有埋头苦干的人，有拼命硬干的人，有为民请命的人，有舍身求法的人，他们是中国的脊梁。"每一个民族总会有为民请命的人，称之为社会脊梁的人，我们应该通过刑事辩护之路成为鲁迅先生所说的这种人。

推进法治建设，充分保障人权，提高中国律师刑事辩护的水准，广大从事刑事辩护的律师应该率先垂范，逐步在中国的法治文化传统中树立起法律至上，法律神圣，法律就是我们奉行的意识和理念。只有如此，中国律师的刑事辩护才能迎来真正的春天，中国的刑事辩护律师才能与世界发达国家律师相比肩，中国律师才能在国家的政治舞台上享有自己应该享有的一席之地。

三、以推动和改善国家的整体法治水平为己任

就个体的刑事辩护律师而言，绝大多数都只是谋食者而已。对于他们来说，刑事辩护就是一份职业，就是自己赖以生存的手段，大家都只是在"术"的层面理解自己的职业而不是上升到"道"的层面。应该说这是中国刑事辩护律师的不足之处。受这种意识的影响，有的刑事辩护律师对于国家整体法治水平和人权状况的改善并不关心或者很少关心。他们只是在自己办理具体刑事案件中，因国家整体法治和人权保障状况较低而备受艰难的时候才开始关注和呼吁整体环境。中国文化中原本就富含"国家兴亡，匹夫有责"的精

神元素，我们必须时刻关注国家法治建设进程。

为了提高国家的整体法治和人权保障水准，提高我们的整体刑事辩护水平，改善整体生存环境，提升中国刑事辩护律师的形象，我们必须首先唤醒我们作为法律人效忠国家法律的自觉性，以推动和改善国家的整体法治和人权保障水准为己任，从"道"的层面追求刑事辩护业务的价值，增强具体刑事辩护的有效性。

四、学无止境，艺无止境

增强刑事辩护有效性，防止错案发生，刑事辩护律师责无旁贷。除了以上宏观方面的保障，从微观上看我们更应该特别注重学习。注重学习这原本就不应该特别说明，在刑事辩护法庭上纵横驰骋乃是智者的专利，要想成为法庭上的赢家，首要条件当然是对法律及法学理论的精通，单凭经验最终只能是独臂将军而已。

一个优秀的刑事辩护律师不仅要学好刑事方面的知识，也要学好民事、商事、行政等其他方面的法律知识；还要学习好哲学、文学、医学等其他自然和社会科学方面的知识；不仅应该是刑事法律方面的专才，更应该成为学贯中西的通才。唯有学者才能成为智者，唯有智者才能进入最高境界。走向刑事辩护的顶峰，学无止境，艺无止境……

佛祖在《金刚经》里说："一切有为法，如梦幻泡影。"以佛法的道理解释，凡是那些没有真知和正见的追求，皆是虚妄，都是邪见。提高刑事辩护整体水平，有效防止错案发生，我们应该远离虚妄，抛弃梦幻，回归理性，回归思辨，回归到"看山是山"的原本境界，以追求刑事辩护的精神价值为最终目标。

谢谢！

请各位指正。

2013 年 11 月 11 日

注：2013 年 11 月 11 日，作者新书"《辩护如是》发布会暨增强刑事辩护有效性研讨会"在法律出版社六楼顶层花园隆重举行。

　　法律出版社社长黄闽，《民主与法制》总编、知名法学家刘桂明先生，中央财经大学法律硕士教育中心主任、教授李轩，中国著名刑事辩护律师钱列阳、周泽等以及《法制日报》《检察日报》、民主与法制杂志社、中国律师杂志社、方圆律政杂志社等相关媒体记者到会。

　　以上是作者在发布会上的主体发言。

对互联网金融众筹行为的心态和价值取向

——在互联网众筹行为法律问题研讨会上的发言

当今世界，互联网给人类生活带来了天翻地覆的巨大变化，互联网金融的发展更是如火如荼。今天会议研讨的这个话题是一个具有前瞻性的话题，更是一个对未来世界有影响力的话题，相信也一定会对众筹这一特殊融资形式在中国的发展起到不可估量的作用。

金融不是我的研究对象，也不是我的业务范畴，对互联网金融众筹现象我也了解得不多。听了刚才几位这方面专家发表的非常有见地的意见，增加了我对众筹的理解。尽管这还是个新生事物，在我国也是刚刚兴起，但发展速度非常之快始料未及。虽然目前的司法实践中还没有因众筹而被追究刑事责任的典型案例，但我想应该很快就会出现。因此我想从法律人对待这一新生事物的心态和价值取向的角度谈谈自己的看法。

一、对众筹金融形式的总体看法

1. 黑格尔说："存在即合理。"众筹作为一种新型的互联网金融形态自美国传入中国后能在短短几年时间内如此风生水起，足以说明其不但具有合理性，而且具有非常强大的生命力和投融资优势。对这样一种新生事物我们必须首先加以理解、然后进行积极引导、逐步使之规范、最终达到完善并使之造福于社会和人类。

2. 尽管众筹形态来源于美国，但在我国存在和发展的意义和价值更大。因为到现在为止中国民间投融资渠道单一的金融背景并没有改变，也不可能在短时间内发生根本性变化。中国的房地产为什么会出现畸形发展？其中一个非常重要的因素就是普通百姓的投资渠道不畅通，全部一窝蜂地涌入了房地产市场，再加上政府对房地产拉动 GDP 的畸形需求，相互碰撞而形成的房价畸形增长。然后导致众多实体企业开始脱实向虚，将大量的热钱投入房地产市场，形成恶性循环。因此，在当下的金融环境下，促进和发展众筹融资方式有着更加积极的社会意义和价值。

3. 但是从另一个方面看，众筹以虚拟的互联网世界为平台，这对于投资者一方来说风险更大。现实社会的融资平台都是公众能够看得见的，不论这个平台的实际资产能否最终为投资者承担担保责任，但那毕竟是看得见的东西，投资人的心理感受会踏实很多。而众筹则完全以互联网为交易平台，项目主体的资信状况究竟如何？项目本身的可靠性有多大？项目的回报率究竟是不是靠谱？完全在虚拟世界中。从法律上更容易产生民事欺诈甚至刑事诈骗。一旦出现危害社会的案件，因为没有相应的法律规范调整，就会导致无法可依的状况，处理不当就会影响双方的积极性。因此及早立法规范引导是当务之急，孔子云"名不正则言不顺"，法律人应该积极推进立法，为其正名。

4. 从刑事法律关系的角度看，众筹项目人和互联网平台承担的刑事责任风险更大。从理论上看，众筹与九个《刑法》罪名近在咫尺。其中风险最大的有两个，一是第176条的非法吸收公众存款罪，二是第192条的集资诈骗罪。特别是非法吸收公众存款罪，由于是行为犯，主观上并不以非法占有为目的，尤其按照最高人民法院关于非法集资司法解释所设定的四个标准，可以说任何一个众筹项目，只要想追究刑事责任，几乎没有法律障碍。即便是第192条的集资诈骗罪，法律没有要求以非法占有为目的，即便有规定，在现实司法生态环境下，"非法占有目的"这一法律前提条件已经被严重扭曲，包括像吴英案这样经过最高人民法院复核的案件，非法占有目的的前提条件也没有达到法律规定的标准。如果我们对于前期出现的案件处理不当，就会使这样一种具有创新和实用价值的新型金融形式半途夭折。

二、对众筹融资形式的四个心态和一个价值取向

目前最高人民法院还没有公布因互联网众筹行为导致追究刑事责任的典型案件，相信这类案件应该很快就会来到我们面前，未雨绸缪，作为法律人我们应该具有如下心态和价值取向。

1. 要有更加宽容的心态。毫无疑问，这是个新生事物，其对于推进中国金融改革和拓宽投融资渠道进而推进资本流动，完善资本市场，促进社会进

步无疑具有非常积极的意义和价值。作为法律人当然应该比普通人具有更加前沿的认知和宽容的态度，而且要把这种心态引入司法实践。正如刘仁文教授刚才所讲的，其实法律并没有要求检察机关对只要符合犯罪构成形式要件的行为都一律起诉追究刑事责任，而是检察机关可以根据客观情势需求对一些形式上符合犯罪构成要件的行为不予追究，这和行政执法权应该是一致的。行政机关能够做到，司法机关应该也没有问题，当然，核心问题是《刑事诉讼法》的表述还是有问题的。

2. 要对善意的众筹项目人和互联网平台在法律权利上给予更大关怀和保护的心态。既然是一种新生事物，其发展的过程中必然会出现鱼龙混杂现象，一定会有一些不法之徒借机进行刑事犯罪，但是绝大多数人的初衷都是善良的。因此，我们必须对这些善意的开拓者给予更大的关怀和理解。相反，在这类案件处理中应该赋予投资人更多的法律义务。因为任何投资人都应该更加清楚和明白自己面对互联网这种虚拟世界所应该承担的风险，决不能因此加大平台和项目人的法律责任。

3. 在认定犯罪构成时更加注重互联网特征的心态。众筹金融形式尽管从本质上并没有完全颠覆其传统融资的特征，但毕竟在融资方法和手段上是一种颠覆性的革命，因此也就自然要具备相应的形式特征。因而我们在具体案件处理时必须充分尊重和考虑其本身内在特征，才能使案件处理更加公平和科学。

4. 赋予互联网平台更多责任的心态。应该说，那些形形色色互不相识的陌生投资人之所以敢把钱投入这个虚拟世界，主要还是基于对互联网平台的信任，互联网平台自然要承担相应的担保责任。在现实中，很多平台面对众筹所产生的风险大多是以自己仅仅是一个中介机构和平台，并不承担担保责任为由拒绝承担任何责任，这显然是不符合客观现实的。因此我们在立法或者具体案件处理时切忌把互联网平台只作为一个简单的中介平台而不承担民事和刑事责任。互联网平台应该负有对投资人资金安全保障的责任，不论是民事责任还是刑事责任都不能简单免除。

5. 以促进中国金融市场的创新为价值取向。我国加入 WTO 后，依照条约规定国家对金融行业的保护期限已过，但是金融改革和金融发展的现状还完全不能适应整个国家的总体经济发展需要，中国的特殊国情必然会导致政策和立法上的偏颇，因此和西方发达国家相比，中国的互联网众筹之路应该更加艰难坎坷。至少中国金融市场的诚信程度是远不能和发达国家相比拟的。但是，无论如何，只要能够促进中国金融市场的创新，就必须大力推进，因此我们必须确立这样一种价值取向。

　　以上意见如有不妥，请各位专家指正。

2014 年 9 月 6 日·北京

　　（2014 年 9 月 6 日，方圆杂志社在北京师范大学高铭暄学术厅召开"互联网众筹法律问题研讨会"，笔者被邀请作为学者参加会议并发表研讨演讲，以上是演讲具体内容。）

在押人员投诉处理机制试点工作与外国专家交流座谈会上的即席发言

尊敬的诸位外宾、程雷教授：

孔子云："有朋自远方来，不亦乐乎。"首先向不远万里前来传经送宝的欧洲专家学者表示衷心感谢和真诚祝福。感谢人民大学和程雷教授为我们架起了这样一座桥梁，构筑了这样一个平台，使我们能有这样一个机会与羁押方面的世界顶级专家学者学习交流。

受历史发展不平衡、社会形态及民族文化差异的影响，在保障在押人员人权方面我们与发达国家尚有一定差距。发达国家已经走过了数百年历程，积累了丰富经验，形成了完整的法律制度体系，公民的维权自觉意识也很强。而我们刚刚开始起步，还处在探索和实验阶段，尤其是在制度层面上还没有取得法律授权。因此，我们今天的座谈交流，主要是虚心倾听欧洲专家介绍经验、答疑解惑。

受诉讼体制和传统民族文化心理结构影响，我觉得做好这样一项工作，在中国要远比西方发达国家难得多。

首先，中国是一个经历了几千年封建集权统治的国家，在政治文化传统上崇尚上行下效理念，孔夫子说"上之所好，下必有甚"，因而在中国进行制度性革新总是自上而下进行的。而我们现在所探索的在押人员投诉处理机制却是在没有国家立法保障前提下自下而上开始的，难度自然要比自上而下大得多。

其次，从在押人员的角度看，受传统文化影响，自身的权利意识还比较淡薄，中国有句古话："父打子不羞，官打民不羞。"再加上我国在押人员的人权综合保障机制还非常薄弱，他们往往害怕投诉行为会招致报复，给自己案件的处理带来不利影响，因而大多数并不敢毫无顾虑地把自身合法权益受到的侵害进行投诉，甚至真正值得投诉的案件没有投诉，而不值得投诉的却无休止进行投诉，这是第二难。

无论东方还是西方、白人还是黑人，更不论什么种族，不管他们秉承的文化传统有多大差异，充分尊重和保障在押人员基本人权，这是人类文明的共同价值取向，共同精神追求，也是人类走向文明的统一标准。尊重和保障人权不应该有国界，不应该厚此薄彼，更不应该受意识形态的限制。不论难度和风险有多大，作为具有悠久灿烂历史文明传统的中华民族都不应该落后。

我记得鲁迅先生说过这样一句话："我们自古以来就有埋头苦干的人，有拼命硬干的人，有为民请命的人，有舍身求法的人，他们是中国的脊梁。"我觉得现在所有为推动这项试点工作而不遗余力辛勤工作的人，都在以实际行动逐步实践追求着鲁迅先生所推崇的这种精神价值。

看守所、监狱、法庭是最能体现人权保障水准的地方，也可以说是一个国家基本人权保障的"晴雨表"。我们必须从根本上认识到这样一个道理，任何在看守所羁押的人员，不论他们是否构成犯罪，涉嫌何种罪名，应该受到何种处罚，那都应该最后由法庭在阳光程序下进行判决。未经法庭判决前，他们应该与所有正常人一样，享受平等待遇，不被歧视，他们的基本人权应该得到保障，也必须应该得到保障。不论是看守人员、侦查人员，还是检察和审判人员，都应该以慈悲之心、怜悯之心、仁爱之心对待他们。

作为一名执业律师受邀担任投诉处理委员会的委员，是一项神圣而光荣的使命，维护和保障公民的基本人权原本就是律师的天职。通过前一段时间的实践，我感到由部分律师担任投诉处理委员会委员，直接参与介入投诉处理程序，至少有三个方面的益处。

第一，利用律师专业的知识和经验帮助公安、检察机关负责具体工作的同志在制度、程序设置、相关文件起草方面做得层次更高、更完善。在开展这项工作前期，杨平所长、张艳华主任多次与我进行交流、征求意见，力争尽善尽美。但受时间和个人能力限制，我提供的帮助还不多，也不好，今后将继续努力帮助他们推动这项工作向更深方向发展。

第二，可以提供更专业和超脱的评价处理意见。在押人员投诉的很多问题涉及的法律关系相对比较复杂，有的甚至有相当的难度，而优秀的执业律师在处理这些问题上具有得天独厚的条件。更为重要的是，社会执业律师的地位独立、超脱，属于独立于公权力之外的制衡力量，基本不受体制权力制约，因此提出的意见更专业，更客观、公正，更容易被在押人员接受，客观上也能对公权力意见形成一种制约。

第三，更容易取得在押人员信任。看守警察也好，住所检察官也好，都代表公权力。在押人员心目中自己是被监管对象，本身就有一种先天对立意识，因而他们往往不会把自己的真实想法向他们坦露。而律师行业本身就与在押人员之间产生天然的依存和信任，他们更容易向律师说心里话，沟通更方便。

我记得七八月份有一个涉嫌故意伤害致死案件的嫌疑人投诉看守所提供的早餐分量少，自己饭量大吃不饱的问题。其实解决此类投诉问题非常简单，增加食物供应量也就可以了。但看守所给他增加了供应量后他继续投诉。这就明显不是吃不饱的问题了，肯定另有原因。可他就是不肯给看守警察说。

按照安排由我和他直接接触，经过耐心开导后他说出了真实原委。实际上他的真实心理是害怕自己的案子将来判得很重，毕竟是涉及一条人命的案子。我给他作了详细解释，伤害致死罪与故意杀人罪之间有非常明显的本质区别和量刑差距，根据他所陈述的案件事实经过，我明确告诉他量刑不可能太重。他的顾虑解除了，这件投诉案件也就圆满解决了。

切实保障在押人员人权是一项庞大的系统工程，在看守所建立在押人员投诉机制是实现这项工程的最重要、最关键措施。让全体在押人员享受到真正意义上的人权保障阳光，绝非一朝一夕能实现，所有的参与者都任重而道远。

自从吴忠市看守所开始这项工作试点后，感到上述问题明显得到了有效解决，我们也能够在嫌疑人受到侵权的时候可以直面对待，不论最终投诉处理的结果如何，至少有了程序，有了畅通的渠道。

老子说："千里之行，始于足下。"建立科学、合理、通畅的在押人员投诉处理机制是一项系统工程，需要社会方方面面的配合支持，需要科学合理的法律制度保障，需要最终树立起一种法律文化信仰。做好这项工作，我们不仅要虚心向外国专家学习请教，更需要自身的思考和感悟。

谢谢诸位！

2013 年 6 月

（2013 年 6 月，中国人民大学诉讼法学研究院在宁夏吴忠市看守所，江西九江看守所同时进行在押人员投诉机制试点研究。此文系在宁夏吴忠看守所召开研讨会上应邀所做的即席发言。）

2014 十大年度律师竞选辞

尊敬的各位评委、各位嘉宾，大家下午好：

在今天参选的三十位律师中，我是唯一一位既来自西北又来自少数民族地区，而且本人又是少数民族的律师。

与发达地区，特别是与北京、上海的律师相比，不论是业务收入还是业绩影响，特别是参与全国性知名大案、要案的概率完全没有可比性。因而我们也就自然无法获得媒体和公众的特别关注，更无法享有显赫的知名度和影响力。

但我要说的是，刑事辩护业务的最终价值取向是保障人权。而真正需要保障人权的是那些身处社会底层的普通老百姓。不论是官员贤达还是社会名流，他们的地位已经使他们享有了比普通老百姓更多的权利。任何一个社会，任何一个国家，只有那些最底层、最偏远、最贫穷地区的普通老百姓真正享有了基本人权保障，才说明这个社会和国家真正具有了基本人权保障的能力。

请各位专家、评委投我一票的第一个理由是，本人执业二十四年，多次放弃了到一线城市发展的机遇，始终矢志不渝地坚守在最偏远、最不发达的少数民族地区，为那些最普通的老百姓维护和保障人权，而且取得了一般律师难以达到的业绩。办理刑事案件超过 500 件，年均达到 30 件；其中宣告无罪的超过 30 件；判处死刑后经二审或复核审辩护，改判死缓或其他更轻刑罚的超过 20 件；很多重罪名案件经辩护变成了轻罪名；即便那些没有改变定性的案件也获得了大幅度从轻处罚；辩护观点的采纳率超过百分之七十；成功率之高应属少见……

另外，我还想要说的是，维护和保障普通老百姓的人权是一项千秋功业，绝非一朝一夕，也绝非一部分精英律师之力所能及。实现这一千秋伟业，需要几代乃至十几代律师的不懈努力；需要一个遍及大江南北的庞大刑事辩护群体共同为之奋斗。

　　因此，提高中国律师的整体刑事辩护素质才是造福民众的大业。一个值得赞誉和推崇的刑事辩护大律师，不仅要通过自己办案来维护和保障人权，更要担负起在行业内传道、授业、解惑的神圣使命。要让自己的知识、经验和才华传播到一个更大的律师群体，传承给几代、十几代辩护律师受益。他不仅是一位执业律师，更应该是一位留下精神财富的导师。

　　我请各位评委投我一票的第二个理由是我在刑事辩护教育方面的贡献。2013 年 7 月，法律出版社出版了我的第一部刑事辩护专著《辩护如是》，出版后受到了业界、学界、媒体及社会各类读者的好评，上市后销量很快居同类法律图书前列，不到半年时间就销售一空而重印。现在，《辩护如是》的姊妹篇，一部关于刑事辩护的纯理论、纯技巧性著作《辩护智慧》正在撰写中，不久将会出版。

　　我最大的心愿是，将来如果有一代代律师能够通过学习我的这两本书而使自己的辩护水平得到提高，那将是我对中国刑事辩护行业的最大贡献，也是对我人生的最大褒奖和肯定。

　　最后，再次真诚地请各位评委为西部律师、基层律师、少数民族律师投上给力的一票！老百姓不会忘记你们！谢谢！

不忘初心，不辱使命，以刑辩推进法治

——在东方文化研究会诉讼文化委员会2019（日照）刑事诉讼论坛上的开幕词

尊敬的袁守启会长、刘桂明总编、各位领导、各位嘉宾、各位律师同人、各位同学，早上好！

今天是4月20日，农历谷雨节。谷雨是新年的第六个节气，也是春天的最后一个节气。"六"这个数字，预示着顺利吉祥，谷雨后就是立夏，这更预示着到了春天的最顶峰境界；山东日照是座美丽的城市，物华天宝，人杰地灵。和煦的阳光、洁白的沙滩、湛蓝的海水，各路嘉宾云集日照，高朋满座。

我们在一个正确的时间、正确的地点、一群正确的朋友、召开一个正确的论坛，论坛一定会圆满成功！

近两年来，刑事辩护行业又遇到一股倒春寒。先是一些看守所以案件涉及监察委为由不允许律师会见；后又出现在"扫黑除恶"案件中不但限制律师会见而且限制律师辩护权；最后发展到最近竟然出现了将从事正常律师业务的律师作为涉黑涉恶案件的共同犯罪嫌疑人追究刑事责任……经过多年努力已经解决的律师行业"老三难"问题又开始重现。但我相信这股倒春寒一定会随着国家民主法治进程的不断推进，在广大刑事辩护律师的不懈努力下尽快消失，刑事辩护行业一定会**"沉舟侧畔千帆过，病树前头万木春"**！

刑事辩护业务才是律师业务中真正的高端业务，更是一项极具挑战的业务；刑事辩护不但成就了诸多国外知名大律师，更成就了无数国内知名大律师。

一件典型的刑事案件辩护，也许律师收费只有几万元甚至几千元，但其产生的社会价值却远远超过为三峡工程、港珠澳大桥工程提供法律服务的超大型法律业务。甚至毫不夸张地说，一名优秀刑事辩护律师的价值有时胜过千军万马！孟晚舟女士最终能够获得保释，刘强东能不被警方起诉，都是优秀刑事辩护律师的功绩。

当然，成为一名优秀刑事辩护律师并非易事。除了从事这个行业应该具有的先天禀赋，必须具有一种精神和三种思维能力，即敢于挑战权贵的精神和理性思维能力、程序性思维能力、逻辑思维能力……

《刑事诉讼法》被称为"小宪法"，刑事辩护程序设置的本身价值就是为了制衡公权力。因此从"道"的层面看，优秀的刑事辩护律师首先必须具有敢于挑战权贵和权势的精神。具有这种精神，一是不屈服于权贵和权势，面对公权力和权贵不屈不挠，勇敢追求法律公正。二是不盲从和屈服于权威，不论对手是何种级别的检察官、法官，不论对手具有多么高的学历，都不能盲从、退缩、屈服、迁就；三是不被舆论所裹挟，仗义执言。一些具有典型意义的刑事案件，一定会被舆论所左右。而强大的舆论价值观又往往是一种民众感性认识的体现，并不一定能够代表理性的法律价值。因此，一名优秀的刑事辩护律师必须具有在波涛汹涌的舆论面前"泰山崩于前而泰然处之"的精神，不被舆论所裹挟，坚持法律正义，坚持真理价值。

同时，从"术"的层面看，一名优秀的刑事辩护律师还必须具有三种思维能力，也就是理性思维能力、程序性思维能力和逻辑思维能力。

理性思维能力是人类最高级的思维能力，这对于一名优秀刑事辩护律师尤为重要。孟晚舟案件发生后，就出现了两种截然不同的思维方式。大多数感性思维者提出了两种反制措施：一是经济制裁手段，也就是断绝与加拿大的经济贸易往来；二是外交制裁手段，也就是用强硬外交手段迫使加拿大政府抛弃美国而倒向中国。而少数理性思维者则认为这两项措施的可行性并不大。第一，中国与加拿大的贸易额只占加拿大贸易总额的百分之二，而且我国出口到加拿大的产品都是普通类型商品，我国不出口，对方可以找到替代出口国；而我国进口加拿大的产品多是高科技产品，包括最先进的药物。不从加拿大进口，我们不太容易找到替代供应国，因此贸易制裁手段显然收效不大。第二，加拿大有一千多万平方千米的国土，却只有不到七万军队，可以说加拿大的国土安全都要依靠美国守护，因此以强硬外交手段迫使其抛弃美国而倒向我国是不现实的，这就是理性思维。

程序性思维能力是优秀刑事辩护律师的撒手锏，程序性辩护往往比实体性辩护更能收到奇效。著名主持人周立波在美国新泽西州受到刑事追究，警察在周立波车的后备箱内搜出毒品和枪支。因为周立波既没有取得美国公民身份也没有取得绿卡，按照美国法律，只有美国公民和绿卡持有者才可以合法持有枪支；至于毒品则是任何人都不允许持有。按照美国法律，周立波有可能被判处二十年以上监禁。周立波先后换了三位律师：第一位莫虎律师是华裔，莫虎律师从实体思维出发，认为属于重罪；第二位律师丹尼尔，也是从实体思维出发，认为属于重罪但是可以从轻处罚；第三位律师斯卡林，完全从程序出发，认为警察的搜查程序非法，周立波可以获得无罪。不同律师，不同的辩护思维，案件最终发生了戏剧性大反转。

首先，在美国如果汽车驾驶者没有违章行为警察无权要求停车检查，或者换句话说不允许警察随意拦车检查。当时警察要求周立波停车接受检查的理由是开车打电话，但经调取电信局通话记录发现该时间段周立波使用的电话没有通话记录，因此警察拦车检查程序非法。

其次，美国法律规定警察如果没有掌握犯罪事实也不允许对犯罪嫌疑人搜查，除非犯罪嫌疑人本人明知检查的意义和后果而自愿接受检查。斯卡林律师从周立波不会英语的奇特切入点出发，实施程序性辩护。既然周立波不会英语，当然也就不可能听懂警察究竟说了什么，也自然谈不上明知检查后果而自愿接受检查的问题了。因此，警察搜查周立波车后备箱的行为程序违法。依照美国法律，以非法手段取得的证据，不论言辞证据还是实物证据均属于非法证据，一律予以排除，周立波无罪获释……

逻辑思维能力更是一项必不可少的能力。所谓指控犯罪本身就是一种案件事实判断和法律运用判断。既然是判断，就必然会使用推理。特别是法庭辩论，就是一种逻辑思维能力的交锋和碰撞。如果不懂形式逻辑学，你就不明白概念之间的关系，不懂得偷换概念的荒谬，你就不明白判断在何种情况下以何种形式进行的判断结果是真实可靠的，你就不知道不同的推理形式应该遵循何种推理规则……

最后我要说的是，中国的民主法治进程还比较漫长，因此中国刑事辩护律师的道路也仍然曲折艰难。为了民族复兴，刑事辩护律师必须具有铁肩担道义的气概，"苟利国家生死以，岂因祸福避趋之！"

最后，再次祝论坛圆满成功！

在股东、高管刑事责任风险治理
高峰研讨会上的致辞

尊敬的各位领导、嘉宾、女士们、先生们，大家好！

两天前的 12 月 4 日，我们刚刚经历了中国第一个宪法日。按照党的十八届四中全会所通过的决议，预示着中国法治春天的到来，也预示着我们即将进入法治时代，也昭示着中华民族将要逐步告别延续了数千年的家族与宗法本位文化，开创一个崭新的时代，重塑一个崭新的文化。

12 月 6 日，一个吉祥的日子，一个喜庆的日子，一个值得庆贺的日子，一个开拓创新的日子。尽管地处塞上高原宁夏已经进入千里冰封、万里雪飘的北国隆冬季节，但凛冽的寒风丝毫没有影响我们在这里探索法治真谛的炽热。

今天是 6 号又恰逢周六，按照中国文化精神，预示着 66 大顺；按照西方文明的经典，星期六乃是上帝创造人类的一天。在这样一个具有创新和创造意义的日子里，我们有幸相逢在西夏故国的都城，塞上古城银川，更有幸邀请到了来自国内最高司法机关和最高学术机构的顶级专家，在这里与我们共同探讨关于公司股东、高管刑事责任风险治理这样一个极具现实意义和前瞻意义的法律话题。我相信，本次高峰研讨会的顺利和成功召开，必将对推动法治宁夏建设，促进规范宁夏的经济建设和发展起到不可估量的作用。

孔子云："有朋自远方来，不亦乐乎！"请允许我代表宁夏天纪律师事务所的全体人员，代表今天与会的宁夏各级领导和全体参会人员，代表六百万宁夏回汉人民，向来自北京的各位嘉宾表示衷心的祝贺和热烈的欢迎！并真诚地邀请各位嘉宾借此机会到我们美丽的塞上江南，到我们神秘的西夏故国，到中国伊斯兰文化最深厚的回乡，品味浓郁的回乡风情、探寻神秘的西夏文化、欣赏"大漠孤烟直，长河落日圆"的雄浑大漠风光、体会"不到长城非好汉"

的伟大精神气概。

今天参加会议的各位来宾既有来自各类企业的管理人员，也有宁夏的部分律师同人。与会来宾从行业角度都和我们今天要研讨的法律问题具有非常密切的联系。各位专家的精彩演讲必将为我们在今后法治化中国的社会活动中指明方向，规划方圆。特别是为各位企业的股东和高级管理人员在复杂激烈的市场拼搏中驾轻就熟，避免刑事责任追究，提供一道坚实的安全保护屏障。因为我们知道，不论多么丰厚和巨额的经营利润，如果没有自身的安全都将使你的人生失去价值和意义。

希望各位专家学者在接下来的时间里为我们毫不保留地释放真知灼见，祝愿各位专家在宁夏生活愉快，祝各位来宾今天不虚此行，取得"真经"！求得法律的"护身符"。

谢谢大家！

注：2014 年 12 月 6 日，由《检察日报》所属方圆律政杂志社主办，宁夏天纪律师事务所承办的"股东、高管刑事责任风险治理高峰研讨会"在宁夏银川国际饭店会议厅举行。

最高人民法院、最高人民检察院、宁夏回族自治区高级人民法院、宁夏回族自治区人民检察院、吴忠市中级人民法院、吴忠市人民检察院的相关领导到会。会议邀请了诸位国家级的法学教授，取得圆满成功。杨金钟律师作为承办方负责人在大会上致辞。